AF349233

Biblioteca de Obras Maestras del Pensamiento

Una fe común

John DEWEY

Biblioteca de Obras
Maestras del Pensamiento

Una fe común

Traducción de:
JOSEFINA MARTÍNEZ ALINARI

EDITORIAL LOSADA
BUENOS AIRES

Dewey, John
    Una fe común. - 1ª ed. - Buenos Aires: Losada, 2005.
    112 p.; 22 x 14 cm. - (Biblioteca de obras maestras del
    pensamiento)

    Traducido por Josefina Martínez Alinari
    ISBN 950-03-9396-4

    1. Ensayo Estadounidense. I. Martínez Alinari, Josefina,
    trad. II. Título
    CDD 814

Título original inglés:
A common faith

1ª edición en Biblioteca de Obras
Maestras del Pensamiento: septiembre de 2005

Distribución:
Capital Federal: Vaccaro Sánchez, Moreno 794 - 9º piso
(1091) Buenos Aires, Argentina.
Interior: Distribuidora Bertrán, Av. Vélez Sársfield 1950
(1285) Buenos Aires, Argentina.

Composición: *Taller del Sur*

Libro de edición argentina
Queda hecho el depósito que marca la ley 11.723
Impreso en la Argentina
Printed in Argentina

I

La religión versus lo religioso

Nunca en la historia ha estado la humanidad tan intelectualmente separada, tan dividida en dos campos como en la actualidad. Las religiones han estado tradicionalmente unidas a las ideas de lo sobrenatural, y con frecuencia, basadas en creencias explícitas acerca de ello. Hoy hay muchos que sostienen que nada digno de llamarse religioso es posible aparte de lo sobrenatural. Los que sostienen esta creencia difieren en muchos respectos. Van desde los que aceptan los dogmas y sacramentos de la Iglesia Griega y la Católica Romana como los únicos medios seguros de acceso a lo sobrenatural, al teísta o al deísta tibio. Entre ellos están las muchas sectas protestantes que creen que las Escrituras, ayudadas por la pureza de conciencia, son los caminos adecuados de la verdad y el poder sobrenaturales. Pero convienen en un punto: la necesidad de un Ser Sobrenatural, y de una inmortalidad más allá del alcance de la naturaleza.

El grupo contrario está formado por los que creen que el avance de la cultura y de la ciencia ha desacreditado completamente lo sobrenatural, y con ello todas las religiones basadas en esta creencia. Pero llegan aún mas allá. Los extremistas de este grupo creen que con la eliminación de lo sobrenatural, no sólo se acabará con las religiones históricas, sino con todo lo que tenga una naturaleza religiosa. Cuando el conocimiento histórico haya desacreditado el carácter sobrenatural de las personas que se consideran fundadoras de las religiones históricas; cuando haya sido descifrada la inspiración sobrenatural atribuida a las literaturas llamadas sagradas, y cuando el conocimiento psicológico y antropológico hayan descubierto la fuente humana de donde nacen las prácticas y creencias religiosas, todo lo religioso desaparecerá, a su entender.

Estos grupos opuestos tienen una idea en común: la identificación de lo religioso con lo sobrenatural. La cuestión que voy a presentar en estos capítulos se relaciona con el motivo y las consecuencias de esta identificación: sus razones y su valor. En esta discusión voy a desarrollar otro concepto de la naturaleza de la fase religiosa de la experiencia, la que lo separa de lo sobrenatural, y de las cosas desarrolladas en torno de ella. Voy a tratar de demostrar que estas derivaciones son estorbos, y que lo genuinamente religioso tendrá una emancipación cuando se vea libre de ellas; que entonces, por primera vez, el aspecto religioso de la experiencia se verá en libertad de desarrollarse libremente.

Este criterio está expuesto a los ataques de los dos campos. Es contrario a las religiones tradicionales, incluso las que más dominan la mente religiosa actual. El criterio anunciado será, a su parecer, un corte del nervio vital del elemento religioso en sí, al quitar la base sobre la cual estaban fundadas las religiones e instituciones tradicionales. Desde el otro lado, la posición que tomo parecerá una tímida posición intermedia, una concesión y una transigencia indigna del pensamiento, que es intransigente. Se considera como un criterio producto de una falta de madurez mental, como un residuo de las enseñanzas infantiles, o incluso como una manifestación del deseo de evitar las críticas y buscar los plácemes.

El punto fuerte de mi teoría, en el desarrollo de esta primera sección, es que hay una diferencia entre religión, *una* religión, y lo religioso; entre lo que se puede denotar mediante un substantivo, y la clase de experiencia que se designa por un adjetivo. No es fácil hallar una definición de religión en el sentido substantivo que tiene general aceptación. Sin embargo, en el *Diccionario de Oxford* encuentro la siguiente: "El reconocimiento por parte del hombre de un poder invisible y superior que domina su existencia, y al que se le debe obediencia, reverencia y veneración".

Esta definición particular es menos explícita, en la afirmación del carácter sobrenatural del poder superior invisible, que otras que podrían citarse. Sin embargo, está sobrecargada de implicaciones que tienen su origen en ideas relacionadas con la creencia en lo sobrenatural, característica de las religiones históricas. Supongamos que una persona familiarizada con la historia de las religiones, incluso de las llamadas primitivas, compara la definición con la variedad de los hechos conocidos, y mediante la comparación, se dedica a determinar el significado de la definición. Creo que tendría en cuenta tres hechos que reducen los términos de la definición a un denominador común tan bajo que apenas si deja significación.

Advertirá que los "poderes invisibles" a que se hace referencia se han concebido en una multitud de modos incompatibles. Eliminando las diferencias, no queda nada aparte de la mera referencia a algo invisible y poderoso. Esto ha sido concebido como el vago e indefinido Maná de los melanesios; el Kami del sintoísmo primitivo; el fetiche de los africanos; espíritus poseedores de algunas propiedades humanas, que impregnan los lugares naturales y animan las fuerzas naturales; el supremo e impersonal principio del budismo; el motor inmóvil del pensamiento griego; los dioses y héroes semidivinos de los panteones griego y romano, la amante y personal Providencia del cristianismo, omnipotente y limitada por un poder maléfico correspondiente; la arbitraria Voluntad de los musulmanes; el supremo legislador y juez del deísmo. Y estas son sólo unas pocas de las notables variedades en que ha sido concebido el poder invisible.

No hay mayor similaridad en los modos en que se ha expresado la obediencia y la reverencia. Ha habido el culto de los animales, de los espíritus, de los antepasados, el culto fálico y el de un Ser de poder temido, y de amor y sabiduría. La reverencia se ha expresado en los sacrificios humanos de los peruanos y los aztecas; las orgías sexuales de algunas religiones orientales; los exorcismos y abluciones; la ofrenda de la mente humilde y contrita del profeta hebreo, los complicados rituales de las Iglesias Griega y Romana. Ni siquiera el sacrificio ha sido uniforme; está ligeramente sublimado en las sectas protestantes y en los musulmanes. Donde ha existido, ha tenido toda clase de formas y ha estado dirigido a una gran variedad de poderes y espíritus. Se ha usado para la expiación, para la propiciación y para el logro de favores especiales. No hay propósito concebible para el cual no hayan sido empleados estos ritos.

Finalmente, no hay unidad discernible en las motivaciones morales apeladas y utilizadas. Pueden ser tan lejanas como el miedo de un castigo eterno, la esperanza de una eterna dicha, en la cual el placer sexual ha sido a veces un elemento importante; la mortificación de la carne y el ascetismo extremo; la prostitución y la castidad; las guerras para aniquilar a los incrédulos; la persecución para convertir o castigar al incrédulo, y el celo filantrópico; la aceptación servil de un dogma impuesto, unido al amor frater-

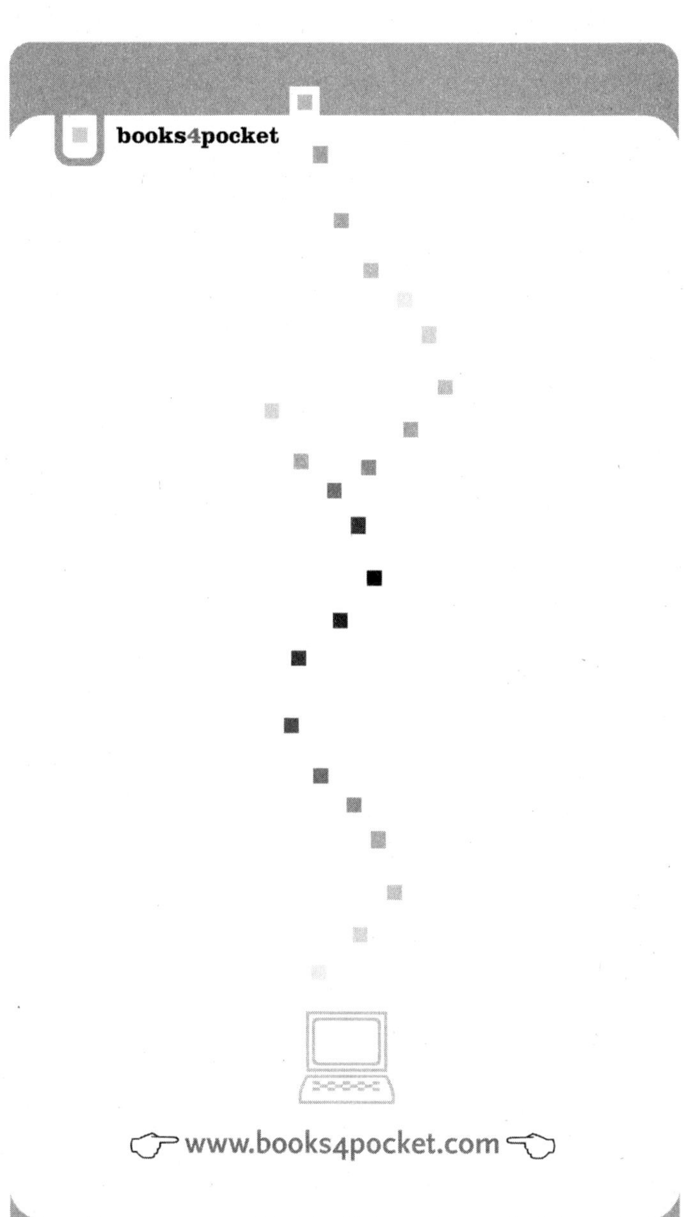
books4pocket
www.books4pocket.com

nal y la aspiración al reino de la justicia entre los hombres.

He mencionado, claro está, sólo un número escaso de los hechos que llenan volúmenes en cualquier biblioteca bien surtida. Aquellos a quienes no les gusta mirar el lado oscuro de la historia de las religiones, pueden preguntar por qué se sacan a colación los oscuros hechos. Todos sabemos que el hombre civilizado tiene un fondo de bestialidad y de superstición, y que aún conservamos esos elementos. ¿En realidad, no enseñan acaso algunas religiones, incluso las formas del cristianismo que tienen más influencia, que el corazón del hombre está totalmente corrompido? ¿Como podía el curso de la religión, en su extensión entera, no estar marcado por prácticas vergonzosas por su crueldad y concupiscencia, y por creencias degradantes e intelectualmente increíbles? ¿Que otra cosa podíamos esperar, en el caso de gentes de escaso conocimiento y método inseguro de saber, con instituciones primitivas y tan poco dominio de las fuerzas naturales, que vivían en un constante estado de temor?

Reconozco gustosamente que las religiones históricas han estado relacionadas con las condiciones de cultura social en que vivían los pueblos. En realidad, lo que me interesa es destacar la lógica de este método de liberación de los aspectos superados de las religiones pasadas. Las creencias y prácticas de una religión hoy imperante están de acuerdo con esta lógica, relacionadas con el estado de cultura presente. Si en el pasado han tenido tanta flexibilidad, con respecto a un poder invisible, el modo en que afecta el destino humano y las actitudes que hemos de adoptar hacia él, ¿por qué suponer que ahora ha tocado a su fin ese cambio de concepto y acción? La lógica que supone el librarse de los aspectos inconvenientes de las religiones pasadas nos obliga a inquirir hasta qué punto las religiones actualmente aceptadas son supervivencia de culturas caducas. Nos hace preguntar qué concepto de los poderes invisibles y de nuestras relaciones con ellos estaría en consonancia con las mejores hazañas y aspiraciones presentes. Exige que en nuestra imaginación limpiemos la pizarra y comencemos de nuevo preguntando cuál sería la idea de lo invisible, de su forma de dominio sobre nosotros y de los modos en que se manifestarían la reverencia y la obediencia, si todo cuanto experimentamos como básicamente religioso tuviera la oportunidad de expresarse libre de todo gravamen histórico.

Por lo tanto, volvemos a los elementos de la definición que se ha dado. ¿De qué vale el aceptar, en defensa de la universalidad de la religión, una definición que se aplica igualmente a las creencias y prácticas más salvajes y degradadas relativas a los poderes invisibles, y a los nobles ideales de una religión poseedora de la mayor parte de contenido moral? Hay que estudiar dos puntos. Uno de ellos es que no merece conservarse nada respecto de las nociones de los poderes invisibles que presiden el destino humano, y a los cuales se les debe obediencia, reverencia y veneración, si pasamos silenciosamente sobre la naturaleza atribuida a los poderes, los aspectos radicalmente opuestos en que se supone que dominan el destino humano, y en las manifestaciones de sumisión y temor. El otro es que cuando comenzamos a seleccionar, a elegir, y a decir que algunas formas de pensamiento presentes acerca de los poderes invisibles son mejores que otras; que la reverencia mostrada por un ser humano libre y con respeto de sí mismo es mejor que la obediencia servil que los hombres atemorizados muestran a un poder arbitrario; que deberíamos creer que el dominio del destino humano se ejerce por un espíritu sabio y bondadoso más que por espíritus diabólicos o una fuerza ciega… Cuando, como digo, comenzamos a elegir, entramos en un camino que aún no ha tocado a su fin. Hemos llegado a un punto que nos invita a seguir adelante.

Pues nos vemos obligados a reconocer que, concretamente, no existe tal cosa como la religión en singular. Sólo hay una multitud de religiones. La "religión" es un término estrictamente colectivo, y la colección que representa no es siquiera de la clase ilustrada en los textos de lógica. No tiene la unidad de un regimiento o asamblea, sino la de un conglomerado misceláneo. Las tentativas de probar la universalidad resultan demasiado grandes o demasiado chicas. Es probable que las religiones sean universales en el sentido de que todos los pueblos que conocemos han tenido *una* religión. Pero las diferencias entre ellas son tan grandes y escandalosas, que cualquier elemento común extraído de ellas carecería de sentido. La idea de que la religión universal es demasiado pequeña lo prueba el que los antiguos apologistas del cristianismo parecen más prudentes que algunos modernos al condenar como falsas todas las religiones menos una, como básicamente alguna forma de culto demoniaco, o de cualquier manera una imaginación supersticiosa. La elección entre las religiones es imperativa, y la necesidad de la elección no deja nada valedero en favor del argumento de la universalidad. Además, una vez que entramos en el camino de la elección, se nos presenta en seguida una posibilidad que aún no se ha comprendido en general.

Pues el crecimiento histórico del contenido ético e ideal de las religiones sugiere que se lleve adelante el proceso de la purificación. Indica que es inminente una selección en la cual se pueden elegir ciertos valores y funciones de la experiencia. Yo tengo en cuenta esta posibilidad cuando hablo de la diferencia entre lo religioso y una religión. No propongo una religión, sino más bien la emancipación de elementos y criterios que pueden llamarse religiosos. Desde el momento que tenemos una religión, sea la del indio siux, la del judaísmo o el cristianismo, en ese momento los factores ideales de la experiencia que se pueden llamar religiosos toman sobre sí una carga que no es inherente a ellos, una carga de creencias y prácticas institucionales corrientes que en nada tiene que ver con ellos.

Puedo ilustrar lo que quiero decir mediante un fenómeno común en la vida contemporánea. Se supone generalmente que la persona que no acepta cualquier religión demuestra con ello que es una persona irreligiosa. Pero es concebible que la crisis presente de la religión esté estrechamente unida al hecho de que las religiones impiden en la actualidad, a causa del peso de las cargas históricas, el que la cualidad religiosa de la experiencia llegue a la conciencia y halle la expresión adecuada a las condiciones actuales, intelectuales y morales. Creo que así es. Creo que hay muchas personas a las cuales les repele tanto lo que existe como religión, por sus implicaciones intelectuales y morales, que no se dan siquiera cuenta de actitudes propias que, si fructificasen, serían genuinamente religiosas. Espero que esta observación pueda ayudar a aclarar lo que quiero dar a entender con la distinción entre "religión" como substantivo y "religión" como adjetivo.

Para ser un poco más explícito, una religión (y como acabo de decir no existe una religión general) siempre significa un cuerpo especial de creencias y prácticas que tienen cierta organización institucional, tolerante o intolerante. Por el contrario, el adjetivo "religioso" no indica nada con respecto a una entidad indefinible, ya institucional o sistema de creencias. No denota nada que se pueda indicar específicamente, como se puede hacer con una religión histórica o Iglesia existente. Pues no denota nada existente por sí mismo, o que pueda ser organizado en una forma de existencia, particular y distintiva. Denota actitudes que pueden adoptarse hacia todo objeto y todo fin o ideal propuesto.

Sin embargo, antes de desarrollar mi sugerencia de que el comprender la distinción que acabo de hacer contribuiría a emancipar la cualidad religiosa de las cargas que ahora la ahogan o limitan, tengo que referirme a una posición que, en algunos respectos, es similar en palabras a la posición que he tomado, pero que, en realidad, está muy lejos de ella. He empleado varias veces la frase "elementos religiosos de experiencia". Ahora bien, en la actualidad se habla mucho, especialmente en los círculos liberales, de la experiencia religiosa como garantía de la autenticidad de ciertas creencias y de lo apetecible de ciertas prácticas, como las formas particulares de oración y culto. Incluso se afirma que la experiencia religiosa es la base suprema de la religión en sí. El abismo entre esta posición y la que yo he tomado, es lo que ahora me interesa señalar.

Los que sostienen la noción de que existe una clase definida de experiencia que es religiosa en sí, por el solo hecho, hacen de ella algo específico, como una clase de experiencia que se distingue de la experiencia estética, científica, moral o política; de la experiencia como camaradería y amistad. Pero la experiencia "religiosa" es una clase de experiencia que significa algo que puede pertenecer a todas estas experiencias. Es el polo opuesto de un tipo de experiencia que puede existir por sí sola. La distinción se aprecia claramente cuando se destaca que el concepto de esta clase de experiencia distinta se emplea para dar validez a la creencia en una clase especial de objeto y también para justificar alguna clase especial de práctica.

Pues hay muchos religionarios que están actualmente insatisfechos con las antiguas "pruebas" de la existencia de Dios, las llamadas ontológicas, cosmológicas y teleológicas. La causa de esta insatisfacción es, quizás, no tanto los argumentos que solía emplear Kant para demostrar la insuficiencia de esas supuestas pruebas, como el creciente sentimiento de que son demasiado formales para ofrecer un apoyo a la religión activa. Sea como fuere, la insatisfacción existe. Además, estos religionarios están influidos por el crecimiento del método experimental en otros campos. Por lo tanto, ¿qué es más natural y adecuado, que afirmen que son tan buenos empiristas como cualquier otro, en realidad tan buenos empiristas como los científicos? Como estos últimos confían en cierta clase de experiencia para probar la existencia de ciertas clases de objetos, de igual modo los religionarios se apoyan en cierta clase de experiencia para probar la existencia del objeto de la religión, en especial el objeto supremo, Dios.

La discusión puede hacerse más definida introduciendo, en este punto, una ilustración particular de este tipo de razonamiento. Un escritor dice: "El exceso de trabajo me produjo un colapso y pronto llegué al borde de la postración nerviosa. Una mañana, después de una larga noche de insomnio… resolví dejar de concentrarme en mí tan continuamente y comenzar a concentrarme en Dios. Determiné dedicar un tiempo cada día para relacionar mi vida con su origen supremo, para recobrar la conciencia de que en Dios vivo, me muevo y tengo mi ser. Eso ocurrió hace treinta años. Desde entonces no tengo literalmente una hora sombría o de desesperación".

Es un historial impresionante. No dudo de su autenticidad ni de la experiencia relativa. Ilustra el aspecto religioso de la experiencia. Pero también ilustra el uso de esa cualidad de llevar la carga superpuesta de una religión particular. Por haber sido educado en la religión cristiana, su sujeto la interpreta en los términos del Dios personal característico de esa religión. Los taoístas, los budistas, los musulmanes, las personas carentes de religión, incluso aquellas que rechazan todo poder e influencia sobrenaturales, han tenido experiencias similares en su efecto. Sin embargo, otro autor, al comentar acerca del pasaje dice: "El experto en religión está más seguro de que este Dios existe, que de la existencia del Dios cosmológico, supuesto especulativamente, o del Dios cristiano que supone la validez del optimismo moral" y pasa a añadir que tales experiencias "significan que el Dios salvador, el poder que da la victoria sobre el pecado en ciertas condiciones que el hombre puede cumplir, es una realidad existente, accesible y científicamente cognoscible". Hay que aclarar que esta suposición es válida sólo si las condiciones, cualesquiera que sean, que producen el efecto se llaman "Dios". Pero la mayoría de los lectores supondrá que esto significa que la existencia de un Ser particular, del tipo llamado "Dios" en la religión cristiana, se prueba mediante un método semejante al de la ciencia experimental.

En realidad, la única cosa que se puede "probar" es la existencia de un complejo de condiciones que ha operado para efectuar una adaptación a la vida, una orientación que trae consigo una sensación de seguridad y de paz. La interpretación particular dada a este complejo de condiciones, no es inherente a la experiencia en sí. Se deriva de la cultura de que está imbuida una persona particular. Un fatalista le dará un nombre; un científico cristiano, otro, y el que rechaza todo ser sobrenatural, otro aún. El factor determinante en la interpretación de la experiencia es el aparato doctrinal particular en que ha sido iniciada la persona. El depósito emocional unido a la enseñanza previa invade la situación entera. Puede dar en seguida a la experiencia un carácter sagrado tan precioso, que suprima toda investigación acerca de su causalidad. El resultado estable es tan valioso, que la causa a que se refiere no suele ser más que una repetición de la cosa sucedida, además de algún nombre que ha adquirido una cualidad profundamente emocional.

El fin de esta discusión no es negar la autenticidad del resultado ni su importancia en la vida. No es, salvo incidentalmente, destacar la posibilidad de una explicación puramente naturalista del hecho. Mi propósito es indicar lo que ocurre cuando la experiencia religiosa está ya desechada como algo *sui generis*. La cualidad religiosa real de la experiencia descrita, es el *efecto* producido, la mejor adaptación a la vida y sus condiciones, no el modo y la causa de su producción. El modo en que operó la experiencia, su función, determina su valor religioso. Si se produce realmente la reorientación, ésta y el sentido de seguridad y estabilidad concomitantes son fuerzas por derecho propio. Tiene lugar en diferentes personas, en una multitud de aspectos. A veces la produce la devoción a una causa; a veces un pasaje poético que abre una perspectiva; a veces, como en el caso de Spinoza –considerado un ateo en su época–, mediante la reflexión filosófica.

La diferencia entre una experiencia que tenga una fuerza religiosa en cuanto afecta los procesos de la vida, y la experiencia religiosa como una cosa aparte, me da ocasión de hacer referencia a una observación anterior. Si esta función se viera libre, por emancipación de la dependencia de los tipos específicos de creencias y prácticas, de esos elementos que constituyen una religión, muchos individuos hallarían que las experiencias capaces de producir una adaptación a la vida mejor, más duradera y profunda no son tan raras y poco frecuentes, como generalmente se cree. Ocurren con frecuencia en relación con muchos momentos significativos de la vida. La idea de los poderes invisibles tomaría el significado de todas las condiciones de la naturaleza y la asociación humana que apoyan y profundizan el sentido de los valores que le sostienen a uno a través de los períodos sombríos y desesperados, hasta tal punto que pierden su usual carácter depresivo.

No creo que sea fácil para muchas mentes efectuar la dislocación de lo religioso de una religión. La tradición y la costumbre, especialmente cuando están cargadas de emoción, forman parte de los hábitos que componen nuestro ser. Pero la posibilidad de la transferencia la demuestra su realidad. Dejemos, pues, por el momento, el término "religioso", y preguntémonos cuáles son las actitudes que prestan un apoyo profundo y duradero a los procesos de la vida. He empleado, por ejemplo, las palabras "adaptación" y "orientación". ¿Qué significan?

Aunque las palabras "acomodación", "adaptación" y "ajuste" se emplean frecuentemente como sinónimos, existen actitudes tan diferentes que, en favor del pensamiento claro, deberían discriminarse. Hay situaciones con que nos enfrentamos que no se pueden cambiar. Si son particulares y limitadas, modificamos nuestras actitudes particulares de acuerdo con ellas. Así, nos acomodamos a los cambios de tiempo, a las alteraciones de los ingresos, cuando no nos queda otro recurso. Cuando las condiciones exteriores son duraderas nos acostumbramos, nos habituamos, o, como suele llamarse ahora al proceso, nos condicionamos. Los dos rasgos principales de esta actitud, que yo llamaría acomodación, son que afecta formas de conducta *particulares*, no el ser entero, y que el proceso es, principalmente, *pasivo*. Puede, sin embargo, hacerse general, y entonces se convierte en resignación fatalista o sumisión. Hay otras actitudes hacia el medio que son también particulares, pero más activas. Reaccionamos contra las condiciones y tratamos de cambiarlas de acuerdo con nuestras necesidades y demandas. Las piezas teatrales de un idioma extranjeo se "adaptan" de acuerdo con las exigencias del público. Una casa se reconstruye de acuerdo al cambio de las condiciones de la familia; el teléfono se inventó para llenar la demanda de una rápida comunicación a distancia; los suelos secos se irrigan con el fin de dar cosechas abundantes. En lugar de acomodarnos a las condiciones, modificamos las condiciones de modo que se acomoden a nuestras necesidades y fines. Este proceso se podría llamar adaptación.

Ahora bien, ambos procesos se llaman a veces por el nombre más general de ajuste. Pero hay también cambios en nosotros en relación con el mundo en que vivimos que son mucho más completos y profundos. No están relacionados con esta ni la otra necesidad con respecto a esta o la otra condición de nuestro medio, sino que pertenecen enteramente a nuestro ser. A causa de su alcance, esta modificación de nosotros es duradera. Perdura a través de todas las vicisitudes circunstanciales, interiores y exteriores. Hay una composición y armonización de los varios elementos de nuestro ser, de modo que, a pesar de los cambios de las condiciones especiales que nos rodean, estas condiciones se arreglan, también, en relación con nosotros. Esta actitud comprende una nota de sumisión. Pero es voluntaria, no impuesta exteriormente; y, como voluntaria, es algo más que una mera resolución estoica de soportar imperturbablemente los azotes de la fortuna. Es más dinámica, más pronta y alegre que la última actitud, y más activa que la primera. Y al llamarla voluntaria, no quiere decirse que depende de una resolución o acto volitivo particular. Es un cambio *de* voluntad concebido como la plenitud orgánica de nuestro ser, más que un cambio especial *en* la voluntad.

Las religiones afirman que efectúan este genérico y duradero cambio de actitud. Yo querría cambiar la afirmación, y decir que siempre que tiene lugar este cambio hay una actitud definitivamente religiosa. No es *una* religión la que la produce, pero cuando tiene lugar, cualesquiera que sean la causa y el motivo, hay un criterio y una función religiosos. Como dije antes, el aparato doctrinal o intelectual, y los aditamentos institucionales que se forman, son, en un sentido estricto, adventicios a la cualidad intrínseca de tales experiencias. Pues son producto de las tradiciones de la cultura con que se inoculan los individuos. Santayana ha relacionado la cualidad religiosa de la experiencia con la imaginativa, tal como se expresa en poesía. "La religión y la poesía" dice, "son idénticas en su esencia, y sólo difieren en el modo en que se aplican a los asuntos prácticos. La poesía se llama religión cuando interviene en la vida, y la religión, cuando meramente sobreviene en la vida, se considera sólo como poesía". La diferencia entre *intervenir* y *sobrevenir* es tan importante como la identidad expuesta. La imaginación puede valerse de la vida o entrar profundamente en ella. Como dice Santayana, "la poesía tiene una función moral y universal", pues "su poder supremo reside en su relación con los ideales y fines de la vida". Cuando no interviene, "toda observación es observación del hecho brutal, toda disciplina es mera represión, hasta que estos hechos digeridos y esta disciplina, incorporada en impulsos humanos, se convierten en el punto de partida de un movimiento creador de la imaginación, la base firme de las construcciones ideales en la sociedad, la religión y el arte".

Si puedo hacer un comentario acerca de esta penetrante observación de Santayana, diría que la diferencia entre la imaginación que sólo sobreviene y la imaginación que interviene, es la diferencia entre la que penetra completamente todos los elementos de nuestro ser y la que se combina únicamente con factores especiales y parciales. Entonces hay, en realidad, poca observación de los hechos brutales por el mero hecho de los mismos, como hay poca disciplina que no sea sólo represión. Los hechos se suelen observar con referencia a un fin y un propósito práctico, y ese fin se presenta sólo imaginativamente. La disciplina más represiva tiene en vista algún fin, al cual se atribuye al menos una cualidad ideal; de lo contrario, es puramente sadista. Pero en tales casos de observación y disciplina, la imaginación es limitada y parcial. No llega lejos: su penetración no es amplia ni profunda.

La relación entre la imaginación y la armonización del ser es más estrecha de lo que suele ser el pensamiento. La idea de un total, ya de todo el ser personal o del mundo, es una idea imaginativa, no personal. El mundo limitado de nuestra observación y reflexión se convierte en universo sólo a través de la extensión imaginativa. No puede ser captado mediante el conocimiento, ni comprendido mediante la reflexión. La observación, el pensamiento, ni la actividad práctica, pueden lograr esa completa unificación del ser que se llama un total. El ser *total* es un ideal, una proyección imaginativa. Por lo tanto, la idea de una completa y profunda armonización del ser con el universo (como un nombre de la totalidad de condiciones con que está unido el ser), opera sólo a través de la imaginación, lo cual es una razón de que esta composición del ser no sea voluntaria, en el sentido de un acto de volición o resolución especial. Una "adaptación" posee la voluntad más que su producto expreso. Los religiosos tienen derecho a considerarlo el influjo de fuerzas más allá del propósito y la deliberación conscientes: un hecho que contribuye a explicar, psicológicamente, por qué se le ha atribuido tan generalmente a una fuente sobrenatural y que, quizás, arroja alguna luz sobre la referencia que William James hace de ella con los factores inconscientes. Y es pertinente el notar que la unificación del yo a través de constante flujo de lo que hace, sufre y logra, no se puede conseguir en términos propios. El yo esta siempre dirigido hacia algo más allá de sí, por lo cual, su unificación depende de la idea de la integración de los cambiantes escenarios del mundo en la totalidad imaginativa que llamamos el universo.

La íntima relación de la imaginación con los elementos ideales de la experiencia, es generalmente reconocida. Pero no ocurre lo mismo con respecto a su relación con la fe. Ésta se ha considerado como un substituto del conocimiento, de la visión. En la religión cristiana se define como la *evidencia* de cosas no vistas. La implicación es que la fe es una especie de visión anticipada de cosas que son ahora invisibles a causa de nuestra torpe y finita naturaleza. Como es una substitución del conocimiento, su material y objeto son de cualidad intelectual. Como John Locke resumió el tema, la fe es el "asentimiento a una proposición… a cargo de su proponente". La fe religiosa es, pues, concedida a un cuerpo de proposiciones verdaderas mediante el crédito a su autor sobrenatural, y la razón tiene que demostrar lo razonable de dicho crédito. Necesariamente, esto ocasiona el desarrollo de las teologías, de los cuerpos de proposiciones sistemáticas, que hagan explícito, en forma organizada, el contenido de las proposiciones a las cuales se presta fe y asentimiento. Con este punto de vista, los que afirman que la religión supone necesariamente una teología, tienen razón.

Pero la creencia o la fe tienen también una importancia práctica y moral. Incluso los demonios, de acuerdo a los antiguos teólogos, creen… y tiemblan. Por lo tanto, se hizo la distinción entre la creencia intelectual o "especulativa" y un acto llamado fe "justificadora". Aparte de todo contexto teológico, hay una diferencia entre la creencia que es una convicción de que algún fin tiene supremacía sobre la conducta, y la creencia de que algún objeto o ser existen como una verdad para el intelecto. La convicción en el sentido moral significa ser conquistado, vencido, en nuestra naturaleza activa, por un fin ideal; significa el reconocimiento de su legítimo derecho sobre nuestros deseos y propósitos. Dicho reconocimiento es practico, no primordialmente intelectual. Va más allá de la evidencia que se puede presentar a *todo* observador posible. La reflexión, con frecuencia larga y ardua, puede ayudar a llegar a la convicción, pero la importancia del pensamiento no se agota en el descubrimiento de la evidencia que pueda justificar el asentimiento intelectual. La autoridad de un ideal sobre la elección y la conducta, es la autoridad de un ideal, no de un hecho, de una verdad garantizada al intelecto, no de la posición relativa del que propone la verdad.

Tal fe moral no es fácil. Antiguamente se preguntó si el Hijo del Hombre hallaría fe a su venida a la tierra. La fe moral ha sido robustecida por toda clase de argumentos destinados a probar que su objeto no es ideal, y que su poder sobre nosotros no es principalmente moral ni práctico, ya que el ideal en cuestión forma ya parte del estado de cosas existente. Se arguye que el ideal es ya la realidad final del corazón de las cosas existentes, y que sólo nuestros sentidos o la corrupción de nuestras naturalezas, nos impiden captar su ser existencial previo. Partiendo, pues, de la idea de que la justicia es algo más que un ideal moral, ya que está enclavada en la constitución misma del mundo existente, los hombres se han dedicado a construir vastos sistemas intelectuales, filosofías y teologías, para probar que los ideales tienen realidad no como ideales, sino como realidades existentes con antecedencia. No han sabido ver que al convertir las realidades morales en materias de asentimiento intelectual, han evidenciado falta de fe *moral*. La fe en que puede existir algo en la proporción de nuestra capacidad, se convierte en la creencia intelectual de que existe ya. Cuando la existencia física no apoya esta afirmación, lo físico se convierte sutilmente en metafísico. De este modo la fe moral ha estado indisolublemente unida con las creencias intelectuales acerca de lo sobrenatural.

La tendencia a convertir los fines de fe y acción moral en artículos de un credo intelectual, se ha visto fomentada por una tendencia que conocen muy bien los psicólogos. Lo que deseamos ardientemente que sea de alguna forma tendemos a creer que lo es ya. El deseo actúa poderosamente sobre las creencias intelectuales. Además, cuando las condiciones son adversas a la realización de los objetos de nuestro deseo –y en el caso de los ideales significativos son extremadamente adversas– existe la fácil salida de suponer que, después de todo, están ya incorporadas en la estructura suprema de lo que es, y que todas las apariencias en contrario son *meramente* apariencias. Entonces la imaginación sobreviene solamente y queda libre de la responsabilidad de intervenir. Las naturalezas débiles se entregan al ensueño como un refugio, y las fuertes lo buscan en el fanatismo. La primera clase llora a los disidentes y la segunda los convierte, mediante el empleo de la fuerza.

Lo que se ha dicho no significa que toda la fe moral en los fines ideales tiene, en virtud de este hecho, una cualidad religiosa. Lo religioso es "moralidad tocada de emoción" sólo cuando los fines de la convicción moral despiertan emociones que no son sólo intensas, sino que están movidas y apoyadas por fines tan inclusivos que unifican el yo. La inclusividad del fin, en relación con el yo y el "universo", con que se relaciona un yo inclusivo, es indispensable. De acuerdo con las mejores autoridades, "religión" procede de una raíz que significa estar ligado o atado. Originalmente, significaba estar atado por votos a un modo de vida particular: como *les religieux* eran monjes y monjas, que habían hecho ciertos votos. La actitud religiosa significa algo que esta unido mediante la imaginación a una actitud *general*. Esta actitud comprensiva, además, es más amplia que todo lo que se indica por "moral" en su sentido usual. La cualidad de actitud se demuestra en arte, ciencia y buena ciudadanía.

Si aplicamos el concepto expuesto a los términos de la definición citada anteriormente, estos términos toman un nuevo significado. Un poder invisible que preside nuestro destino se convierte en el poder de un ideal. Todas las posibilidades, como posibilidades, son de carácter ideal. El artista, el científico, el ciudadano, el padre, en cuanto estén movidos por el espíritu de sus profesiones, están dominados por lo invisible. Pues todo esfuerzo para mejorar está movido por la fe en lo posible, no por la adhesión a lo real. Tampoco esta fe depende para su impulso motor de la seguridad intelectual o creencia de que las cosas por las que se trabaja han de prevalecer y encarnar. Pues la autoridad del objeto a determinar nuestra actitud y conducta, el derecho que se le concede a exigir nuestra obediencia y devoción se basa en la naturaleza intrínseca del ideal. El resultado, producto de nuestros mejores esfuerzos, no reside en nosotros. El vicio inherente de todos los sistemas intelectuales de idealismo es que convierten el idealismo de acción en un sistema de creencias acerca de la realidad antecedente. El carácter asignado a esta realidad es tan diferente del que ocasionan y sostienen la observación y la reflexión, que estos sistemas, inevitablemente, pasan a aliarse con lo sobrenatural.

Todas las religiones, que se distinguen por una cualidad ideal elevada, han destacado el poder de la religión para introducir la perspectiva en los menudos y cambiantes episodios de la existencia. Aquí también tenemos que invertir la declaración ordinaria y decir que lo que introduce una perspectiva genuina es religioso, no que la religión es la que lo introduce. No cabe duda (respecto del segundo elemento de la definición) de la dependencia que tenemos de fuerzas más allá de nuestro dominio. El hombre primitivo era tan impotente frente a dichas fuerzas que, especialmente en un medio natural desfavorable, el miedo se convertía en la actitud dominante, y, según el viejo dicho, el miedo creó los dioses.

Con el aumento de los mecanismos de control, el elemento del miedo ha disminuido relativamente. Algunas almas optimistas han sacado incluso la conclusión de que las fuerzas que nos rodean son, en su mayoría, esencialmente benignas. Pero toda crisis, ya del individuo o de la comunidad, recuerda al hombre la naturaleza precaria y parcial del control que ejerce. Cuando el hombre, individual y colectivamente, ha hecho todo lo posible, permanecen las condiciones que en diferentes épocas y lugares han dado ocasión a las ideas del destino y la Fortuna, del Azar y la Providencia. Es propio de la hombradía insistir acerca de la capacidad de la humanidad para dirigir las fuerzas naturales y sociales a los fines humanos. Pero las afirmaciones absolutistas desautorizadas acerca de la omnipotencia de tales fines reflejan el egoísmo, más que el valor intelectual.

El hecho de que el destino humano esté tan unido con fuerzas más allá del control humano, hace innecesario el suponer que la dependencia y la humildad concomitantes tienen que hallar el canal particular prescrito por las doctrinas tradicionales. Lo especialmente significativo es más bien la forma que toma el sentimiento de la dependencia. El miedo nunca dio una perspectiva estable a la vida de nadie. Es dispersivo y retráctil. La mayoría de las religiones han añadido ritos de comunión a los de expiación y propiciación. Pues nuestra dependencia se manifiesta en aquellas relaciones con el medio que sostienen nuestras empresas y aspiraciones, tanto como en las derrotas que se nos infligen. La actitud esencialmente irreligiosa es la que atribuye el triunfo y el propósito humanos al hombre aislado del mundo de la naturaleza y de su prójimo. Nuestros triunfos dependen de la colaboración de la naturaleza. El sentimiento de la dignidad de la naturaleza humana es tan religioso como el sentimiento de temor y reverencia cuando descansa en un sentimiento de la naturaleza humana como parte cooperadora de un total mayor. La piedad natural no es, necesariamente, ni una aceptación fatalista de los sucesos naturales, ni una idealización romántica del mundo. Puede descansar en un justo sentido de la naturaleza como el total de que formamos parte, reconociendo a la vez que somos partes marcadas por la inteligencia y el propósito, dotadas de la capacidad de luchar, mediante su ayuda, para lograr condiciones más en consonancia con lo que es humanamente deseable. Dicha piedad es un elemento inherente de una justa perspectiva de la vida.

El entendimiento y el conocimiento entran también en una perspectiva de cualidad religiosa. La fe en el continuo descubrimiento de la verdad, mediante el esfuerzo humano cooperativo, es de cualidad más religiosa que cualquier fe en una revelación completa. Ahora, claro está, es usual afirmar que la revelación no es Completa en el sentido de estar terminada. Pero las religiones afirman que la armazón esencial está establecida, al menos en sus aspectos morales significativos, y que los elementos nuevos que se ofrecen tienen que ser juzgados en conformidad con esta armazón. Una religión necesita algún aparato doctrinal fijo. Pero la fe en las necesidades de un examen continuado y riguroso, no limita el acceso a la verdad por ningún canal ni sistema de cosas. No dice primero que la verdad es universal, y luego añade que sólo hay un camino a ella. No depende, para su seguridad, de la sujeción a ningún dogma o artículo de doctrina. Confía en que la relación recíproca natural entre el hombre y su medio engendrarán más inteligencia y conocimiento, siempre que los métodos científicos que definen la inteligencia en operación, se adentren en los misterios del mundo, fomentándose y mejorándose ellos mismos en la operación. La fe en la inteligencia puede convertirse en cualidad religiosa, un hecho que quizás explica los esfuerzos de algunos religionarios para denigrar las posibilidades de la inteligencia como fuerza. En realidad, consideran dicha fe como una rival peligrosa.

Las vidas conscientemente inspiradas por la lealtad a dichos ideales son aún relativamente infrecuentes en proporción de la totalidad e intensidad que despiertan un ardor religioso en la función. Pero antes de inferir la incompetencia de esos ideales y de las acciones que inspiran, deberíamos al menos preguntarnos cuánto de la situación existente se debe al hecho de que los factores religiosos de la experiencia han sido derivados a canales sobrenaturales y, por ello, cargados de pesos impertinentes. Un cuerpo de creencias y prácticas aparte de las relaciones comunes y naturales de la humanidad tiene, en el grado de su influencia, que debilitar y minar las fuerzas de las posibilidades inherentes en tales relaciones. En esto reside un aspecto de la emancipación de lo religioso de la religión.

Toda actividad realizada en pro de un fin ideal y frente a los obstáculos y amenazas de pérdidas personales tiene una cualidad religiosa a causa de la convicción de su valor general y eterno. Muchas personas, investigadores, artistas, filántropos, ciudadanos, hombres y mujeres de las esferas más humildes de la vida, han logrado, sin presunción ni ostentación, tal unificación de sí mismos y de sus relaciones con las condiciones de la existencia. Queda por extender su espíritu e inspiración a números mayores cada vez. Si he dicho algo acerca de las religiones y la religión que pueda parecer duro, lo he hecho a causa de la firme creencia de que la pretensión, de parte de las religiones, de poseer un monopolio de ideales, y de los medios sobrenaturales mediante los cuales afirman que se pueden llevar adelante, estorba la realización de los valores claramente religiosos inherentes en la experiencia natural. Por esta razón, ya que no por otra, sentiría que alguien fuese desorientado por la frecuencia con que he empleado el adjetivo "religioso" y concibiese lo que yo he llamado como una apología disfrazada de lo que pasa por religiones. La oposición entre los valores religiosos, tal como yo los concibo, y las religiones, no se puede conciliar. Precisamente porque la liberación de estos valores es tan importante, su identificación con los credos y cultos de las religiones debe disolverse.

II

La fe y su objeto

Todas las religiones, como dije en el capítulo anterior, suponen creencias intelectuales específicas, y dan –unas más y otras menos– importancia a considerar estas doctrinas como verdaderas, verdaderas en el sentido intelectual. Tienen literaturas que se estiman especialmente sagradas, que contienen material histórico relativo a la validez de las religiones. Han desarrollado un aparato doctrinal cuya aceptación es obligatoria para los "creyentes" (con diversos grados de severidad en las diferentes religiones). También insisten en que hay algún aislado y especial canal de acceso a las verdades que sostienen.

Supongo que nadie negará que la presente crisis de la religión esta íntimamente unida con estas pretensiones. El escepticismo y el agnosticismo reinantes y que desde el punto de vista de los religionarios, son fatales para el espíritu religioso, están directamente unidos con los contenidos intelectuales, históricos, cosmológicos y teológicos, que se consideran indispensables a todo lo religioso. No necesito entrar con detalles en las causas que han engendrado duda e incredulidad, inseguridad y rechazo, en cuanto a estos contenidos. Me basta indicar que todas las creencias e ideas en cuestión, ya tengan que ver o no con materias históricas y literarias, con astronomía, geología y biología, o con la creación y estructura del mundo, y el hombre, están unidas a lo sobrenatural, y que esta relación es el factor que ha hecho dudar de ellas: el factor que, desde el punto de vista de las religiones históricas e institucionales, está mirando la vida religiosa misma.

Los hechos obvios y simples del caso son que ciertos criterios acerca del origen y constitución del mundo y el hombre, ciertas ideas acerca del curso de la historia humana y los personajes e incidentes de dicha historia, se han entrelazado de tal modo con la religión que se han identificado con ella. Por otra parte, el desarrollo del conocimiento y de sus métodos y pruebas, ha sido tal que ha hecho la aceptación de estas creencias cada vez más onerosa e incluso imposible para un gran número de hombres y mujeres cultos. En el caso de dichas personas, el resultado es que cuanto más se usan estas ideas como la base y justificación de una religión, se hace la religión más dudosa.

Las sectas protestantes han abandonado en gran parte la idea de que las fuentes eclesiásticas particulares pueden determinar autorizadamente las creencias cósmicas, históricas y teológicas. Los más liberales entre ellos han mitigado al menos la antigua creencia de que la dureza y corrupción de corazón individuales son las causas del rechazo del aparato intelectual de la religión cristiana. Pero estas sectas también, con excepciones numéricamente insignificantes, han conservado un cierto mínimo indispensable de contenido intelectual. Atribuyen una fuerza religiosa peculiar a ciertos documentos literarios y a ciertos personajes históricos. Aun cuando han reducido grandemente el volumen del contenido intelectual que hay que aceptar, al menos han insistido en el teísmo y la inmortalidad del individuo.

No es mi intención repetir en detalle los argumentos de peso que colectivamente se conocen como el conflicto entre la ciencia y la religión: un conflicto que no se soluciona llamándolo conflicto de la ciencia con la teología, mientras se estime como esencial un mínimo siquiera de asentimiento intelectual. El impacto de la astronomía es familiar no sólo sobre la antigua cosmogonía de la religión, sino sobre elementos de credos que tratan de acontecimientos históricos que testimonian la idea de la ascensión a los cielos.

Los descubrimientos geológicos han desplazado los mitos de la creación, voluminosos en un tiempo. La biología ha revolucionado los conceptos de alma y mente, que en una época ocupaban un lugar central en las creencias e ideas religiosas, y esta ciencia ha hecho una profunda impresión sobre las ideas del pecado, la redención y la inmortalidad. La antropología, la historia y la crítica literaria, han proporcionado una versión radicalmente diferente de los personajes y hechos históricos que sirvieron de base a las religiones cristianas. La psicología nos abre ya explicaciones naturales de fenómenos tan extraordinarios, que en un tiempo su origen sobrenatural era, por así decir, la explicación natural.

Para mi propósito, la influencia significativa de todo esto es que los métodos nuevos de examen y reflexión se han convertido, para el hombre culto actual, en el árbitro final de todas las cuestiones de hecho, existencia y asentimiento intelectual. Ha tenido lugar nada menos que una revolución en la "sede de la autoridad intelectual". Esta revolución, más que cualquier aspecto particular de su impacto sobre esta o la otra creencia religiosa, es lo principal. En esta revolución, toda derrota es un estímulo para un nuevo examen: toda victoria lograda es la puerta abierta a más descubrimientos, y todo descubrimiento es una semilla nueva plantada en el suelo de la inteligencia, de la cual brotan nuevas plantas con nuevos frutos. La mente del hombre se está habituando a un ideal y a un método nuevos. No hay más que un camino seguro de acceso a la verdad: el camino del examen paciente y colaborador, que opera mediante la observación, el experimento, el historial y la reflexión controlada.

El alcance del cambio se ilustra bien por el hecho de que siempre que se rinde una avanzada particular, suele hallar la observación de algún teólogo liberal de que la doctrina particular o el supuesto dogma histórico o literario sometido, nunca fue, al cabo de todo, parte intrínseca de la creencia religiosa, y que sin él la verdadera naturaleza de la religión se destaca aún más claramente que antes. Igualmente significativo es el creciente abismo entre los fundamentalistas y los liberales de las Iglesias. Lo que no se comprende, aunque quizás lo vean con más claridad los fundamentalistas que los liberales, es que el problema no incumbre a este o aquel *artículo* de fe, sino que tiene como centro la cuestión del método por el cual todos y cada uno de los artículos de creencia intelectual es descubierto y justificado.

La lección positiva de que las cualidades y los valores religiosos, si son reales, no están unidos con ningún solo artículo de asentimiento intelectual, ni siquiera con el de la existencia del Dios del teísmo: y que en las condiciones existentes, la función religiosa de la experiencia sólo puede emanciparse mediante la rendición de la noción entera de verdades especiales, religiosas por su propia naturaleza, junto con la idea de avenidas peculiares, de acceso a tales verdades. Pues si fuéramos a reconocer que sólo hay un método, de averiguar el hecho y la verdad –el expresado por la palabra "científico" en su sentido más general y generoso– ningún descubrimiento en cualquier rama del conocimiento y el examen, podría entonces perturbar la fe religiosa. Yo describiría esta fe como la unificación del yo mediante la obediencia a fines ideales inclusivos, que la imaginación nos presenta y a los cuales la voluntad humana responde como dignos de dominar nuestros deseos y elecciones.

Es probablemente imposible imaginar la cantidad de energía intelectual que ha sido desviada de los procesos normales de llegar a conclusiones intelectuales, por haberse dedicado a la racionalización de las doctrinas sostenidas por las religiones históricas. El conjunto que se ha dado de este modo a la mente general es mucho más dañino, a mi entender, que las consecuencias de cualquier artículo de fe particular, aun siendo tan graves como lo han sido las procedentes de la aceptación de algunos de ellos. La versión liberal moderna del contenido intelectual del cristianismo parece, a la mente moderna, más racional que algunas de las doctrinas anteriores contra las que se ha reaccionado. Esto no es así. Los filósofos cristianos de la Edad Media no tenían mayor dificultad para dar forma racional a las doctrinas de la iglesia romana, que el teólogo liberal actual para formular y justificar intelectualmente las doctrinas que mantiene. Esta afirmación es tan aplicable a la doctrina de continuar los milagros, la penitencia, los santos y ángeles, etc., como a la trinidad, la encarnación, la expiación y los sacramentos. La cuestión fundamental, repito, no se refiere a este o el otro artículo de fe intelectual, sino al hábito, método y criterio intelectuales.

Un método de apartar el impacto del cambio del conocimiento y el método sobre el contenido intelectual de la religión, es el método de división de territorio y jurisdicción en dos partes. Antes, éstos se llamaban el reino de la naturaleza y el reino de la gracia. Ahora se conocen con frecuencia como el de la revelación y el conocimiento natural. El moderno liberalismo religioso no tiene nombres definidos para ellos, salvo, quizás, la división a que nos hemos referido en el último capítulo, entre experiencia religiosa y científica. La implicación es que, en un territorio, la supremacía del conocimiento científico debe ser reconocida mientras hay otra región, no muy precisamente definida, de experiencia personal íntima en la cual dominan otros métodos y criterios.

Este método de justificar la peculiar y legítima pretensión de ciertos elementos de fe, está siempre abierta a la objeción de que se llega a una conclusión positiva partiendo de un hecho negativo. La ignorancia o el atraso existentes se emplean para afirmar la existencia de una división en la naturaleza del tema que tratamos. Pero la brecha sólo puede reflejar, a lo sumo, una limitación que existe en la actualidad, pero con la que hay que terminar en el futuro. El argumento de por qué algún aspecto de la experiencia no ha sido aún "invadido" por los métodos científicos, no está sometido a ellos, es tan antiguo como peligroso. Repetidamente, en algún campo reservado particular, ha sido invalidado. La psicología esta aún en su infancia. El que afirme que la experiencia personal íntima no entrará nunca dentro del campo del conocimiento natural es de una audacia rayana con la temeridad.

Sin embargo, es más oportuno considerar ahora la región que los religionarios reclaman como un apartado especial. Es la experiencia mística. Pero la diferencia entre la experiencia mística y la teoría que se nos ofrece acerca de ella, es digna de mención. La experiencia es un acto que hay que examinar. La teoría, como toda teoría, es la interpretación de un hecho. La idea de que por su misma naturaleza la experiencia es una comprensión verídica de la presencia directa de Dios, no descansa tanto en el examen de los hechos como lleva a su interpretación un concepto formado fuera de ellos. En su dependencia de un preconcepto de lo sobrenatural, que es lo que tiene que probarse, comete petición de principio.

La historia muestra muchos tipos de experiencia mística y cada uno de estos tipos es contemporáneamente explicado por los conceptos que imperan en la cultura y el círculo en el cual se producen los fenómenos. Hay crisis místicas que surgen por el ayuno, como ocurre entre algunas tribus indias norteamericanas. Van acompañadas de trances y semihisteria. Su fin es lograr un poder especial, como, por ejemplo, localizar a una persona perdida o hallar objetos escondidos. Está el misticismo de la práctica hindú, que ahora esta de moda en algunos países occidentales. El éxtasis místico del neoplatonismo con su completa anulación del yo y la absorción en el todo impersonal del Ser. El misticismo de experiencia estética intensa, independiente de cualquier interpretación teológica o metafísica. El misticismo herético de William Blake. El misticismo del miedo súbito e irrazonable en el cual, la misma tierra parece temblar bajo los pies, para mencionar sólo unas pocas de las clases que pueden hallarse.

¿Qué elemento común existe, por ejemplo, entre el concepto neoplatónico de un Ser superdivino, completamente aparte de las necesidades y condiciones humanas, y la teoría medieval de una unión inmediata fomentada por la atención a los sacramentos o a través de la concentración en el corazón de Jesús? El énfasis contemporáneo de algunos teólogos protestantes sobre el sentido de la comunión interior personal con Dios, hallada en la experiencia religiosa, está casi tan lejos del cristianismo medieval como del neoplatonismo o el yoga. Las interpretaciones de la experiencia no son producto de la experiencia misma con la ayuda de los recursos científicos disponibles. Han sido importados, tomados sin crítica, de ideas corrientes en la cultura circunstante.

Los estados místicos del hechicero y de algunos indios norteamericanos son únicamente técnicas para obtener un poder especial: *el* poder tal como lo conciben algunas sectas revivalistas. No hay objetivación intelectual especial que acompañe la experiencia. El conocimiento que se obtiene, según se dice, no es el del Ser, sino el de modos de operar ocultos y secretos. El fin no es lograr el conocimiento de un poder divino superior, sino el obtener consejo, curas para los enfermos, prestigio, etc. El concepto de que la experiencia mística es un modo normal de experiencia religiosa mediante el cual se puede adquirir el conocimiento de Dios y de las cosas divinas, es una interpretación del siglo diecinueve que ha adquirido fama en razón directa a la declinación de los antiguos métodos de la apologética religiosa.

No hay razón para negar la existencia de experiencias que se llaman místicas. Por el contrario, existen todas las razones para suponer que, en algún grado de intensidad, ocurren tan frecuentemente que se las puede mirar como manifestaciones normales que tienen lugar en ciertos puntos rítmicos del movimiento de la experiencia. La suposición de que la negación de una interpretación particular de su contenido objetivo prueba que los que niegan no tienen la experiencia en cuestión, ya que, si la hubieran tenido, habrían quedado igualmente convencidos de su fuente objetiva en la presencia de Dios, carece de fundamento. Como en todo fenómeno empírico, el acontecimiento del estado llamado místico, es sólo la ocasión para examinar su forma de causalidad. No hay más razón para convertir la experiencia en sí en un inmediato conocimiento de su causa, que en el caso de la experiencia del rayo, o cualquier otro fenómeno natural.

Mi propósito, pues, en esta breve referencia al misticismo, no es arrojar dudas sobre la existencia de experiencias particulares llamadas místicas. Tampoco es proponer una teoría que las explique. Me he referido al asunto, sólo como una ilustración de la tendencia general de dividir dos reinos separados en uno de los cuales tiene jurisdicción la ciencia, mientras en el otro tienen autoridad modos especiales del conocimiento inmediato de objetos religiosos. Este dualismo, al operar en la interpretación contemporánea de la experiencia mística, con el fin de dar validez a ciertas creencias, no es más que una repetición del antiguo dualismo entre lo natural y lo sobrenatural, en términos mejor adaptados a las condiciones culturales de la época presente. Como lo que la ciencia pone en tela de juicio es el concepto de lo sobrenatural, la naturaleza circular de este tipo de razonamiento es obvia.

Los apologistas de una religión, con frecuencia indican el cambio que se produce en los materiales e ideales científicos como prueba de la inseguridad de la ciencia como modo de conocimiento. Con frecuencia, parecen peculiarmente encantados por el cambio grande, casi revolucionario, que se ha producido en la ciencia durante la generación presente. Aun cuando la supuesta inseguridad fuera tan grande como suponen (o mayor aún), quedaría en pie la cuestión: ¿Tenemos otro recurso para el conocimiento? Pero en realidad, no comprenden el sentido real. La ciencia no está constituida por ningún cuerpo particular de la materia de que se trata. Está constituida por un método, un método de creencias cambiantes mediante la prueba y el modo de llegar a ellas. Su gloria, no su condenación, es que la materia de que se trata se desarrolla según se mejora el método. No hay especial materia de creencia que sea sacrosanta. La identificación de la ciencia con un conjunto particular de creencias e ideas es, en sí, una reminiscencia de los viejos y aun corrientes hábitos dogmáticos de pensamiento opuestos a la ciencia en su realidad y que la ciencia va minando.

Pues el método científico es adverso no sólo al dogma, sino a la doctrina también, con tal de que demos a la "doctrina" su significado especial: un cuerpo de creencias definidas que sólo necesitan ser enseñadas y aprendidas como verdaderas. Esta actitud negativa de la ciencia hacia la doctrina, no indica indiferencia hacia la verdad. Significa suprema lealtad al método mediante el cual se logra la verdad. Finalmente, el conflicto científico religioso es un conflicto entre la obediencia a este método y la obediencia incluso a un mínimo irreducible de creencia, fijado de antemano de modo que no puede modificarse jamás.

El método de inteligencia es público y abierto. El método doctrinal es limitado y particular. Esta limitación persiste aun cuando el conocimiento de la verdad, que es religioso, se alcanza mediante un modo especial de experiencia, que se llama "religiosa". Pues la última se supone una clase de experiencia muy especial. Seguramente, se afirma que está abierta a todos los que se someten a ciertas condiciones. Sin embargo, la experiencia mística da, como hemos visto, diversos resultados en lo respectivo a la creencia de diferentes personas, de acuerdo con la cultura ambiental de quienes la sufren. Como método, carece del carácter público correspondiente al método de inteligencia. Además, cuando la experiencia en cuestión no produce la conciencia de la existencia de Dios, en el sentido en que se afirma que existe, la respuesta inmediata es que no es una experiencia religiosa genuina. Porque, por definición, sólo la experiencia *es* religiosa cuando se llega a este resultado particular. Es un argumento circular. La posición tradicional es que la dureza o corrupción del corazón nos impide tener dicha experiencia. Los religionarios liberales son ahora más humanos. Pero su lógica no cambia.

A veces se sostiene que las creencias acerca de materias religiosas son simbólicas, como las ceremonias y los ritos. Este criterio puede suponer un adelanto sobre el que sostiene su validez objetiva literal. Pero como se suele exponer, supone una ambigüedad. ¿De qué son símbolos las creencias? ¿Son símbolos de cosas experimentadas de modos aparte de los religiosos, de forma que las cosas simbolizadas tengan una posición independiente? ¿O son símbolos en el sentido de significar alguna realidad transcendental –transcendental porque no es la causa de la materia– del sujeto en general? Incluso el fundamentalista reconoce una cierta cualidad y grado de simbolismo en el último sentido, en objetos de creencia religiosa. Pues afirma que los objetos de estas creencias están tan fuera del alcance de la capacidad humana finita, que nuestras creencias tienen que estar envueltas en términos más o menos metafóricos. El concepto de que la fe es el mejor substituto disponible del conocimiento, en nuestro estado actual, aún reconoce la noción del carácter simbólico de los materiales de la fe: a menos que se les atribuya una naturaleza simbólica, queremos decir que estos materiales significan algo verificable en la experiencia pública y general.

Si adoptásemos el último punto de vista, sería evidente no sólo que los artículos intelectuales de un credo se deben entender como simbólicos, de valores morales e ideales, sino que los hechos que consideren históricos y se han usado como evidencia concreta de los artículos intelectuales son simbólicos también. Estos artículos de fe presentan acontecimientos y personas rehechas por la imaginación idealizadora en interés, a lo sumo, de ideales morales. Los personajes históricos, en sus atributos divinos, son materializaciones de los fines que atraen la devoción e inspiran el esfuerzo. Son simbólicos de la realidad de los fines que nos mueven en muchas formas de experiencia. Los valores ideales así simbolizados, marcan también la experiencia humana en la ciencia, el arte y los diversos modos de asociación, marcan casi todo lo de la vida que se eleva del nivel de las manipulaciones de las condiciones existentes. Se reconoce que los objetos de religión son ideales en contraste con nuestro estado presente. ¿Qué se perdería, si se reconociese también que tienen una influencia autorizada sobre la conducta por el solo hecho de ser ideales?

La suposición de que estos objetos de religión existen ya en algún reino del Ser, no parece contribuir en nada a su fuerza, mientras debilita nuestra suposición de que son ideales, en la proporción en que se basan en materias intelectualmente dudosas. La cuestión se limita a lo siguiente: ¿Los ideales que nos mueven son genuinamente ideales, o son sólo ideales en contraste con nuestro estado presente?

La importancia de la pregunta se extiende muy lejos. Determina el significado dado a la palabra "Dios". Por un lado, la palabra sólo puede denotar un Ser particular. Por el otro, denota la unidad de todos los fines ideales que nos impulsan al deseo y a la acción. ¿Acaso la unificación influye sobre nuestra actitud y conducta, porque está, aparte de nosotros, realizada en existencia, o a causa de su significado y valor inherentes? Supongamos por el momento que la palabra "Dios" significa los fines ideales que en un tiempo y lugar dados se reconocen como con autoridad sobre la volición y emoción, los valores a los cuales uno es supremamente devoto, en la proporción en que estos fines se unifican, mediante la imaginación. Si hacemos esta suposición, el resultado destacará claramente el contraste con la doctrina de las religiones de que "Dios" designa alguna clase de Ser que tienen una existencia anterior y, por lo tanto, no ideal.

La palabra "no ideal" tiene que ser tomada literalmente con respecto a algunas religiones que han existido históricamente, a todas ellas en cuanto han descuidado las cualidades morales de sus seres divinos. No se aplica en el mismo sentido *literal* al judaísmo y al cristianismo. Pues han afirmado que el Ser Supremo tiene atributos morales y espirituales. Pero se les puede aplicar igualmente en que esos caracteres espirituales y morales se consideran como propiedades de una existencia particular, y de un valor religioso para nosotros por su encarnación en dicha existencia. Aquí, por lo que vemos, reside el problema cumbre de la diferencia entre *una* religión y lo religioso como función de experiencia.

La idea de que "Dios" representa una unificación de valores ideales que tiene un origen esencialmente imaginativo, cuando la imaginación sobreviene en la conducta, está unida a dificultades verbales debidas a nuestro frecuente uso de la palabra "imaginación" para indicar fantasía y realidad dudosa. Pero la realidad de fines ideales como ideales, está apoyada por su innegable poder en la acción. Un ideal no es una ilusión, porque la imaginación sea el órgano a través del cual se capta. Pues *todas* las posibilidades nos llegan a través de la imaginación. En un sentido definido, el único significado que se puede atribuir al término "imaginación" es que las cosas no realizadas de hecho nos llegan y tienen el poder de conmovernos. La unificación efectuada a través de la imaginación no es fantástica, pues es el reflejo de la unificación de actitudes prácticas y emocionales. La unidad significa no un solo Ser, sino la unidad de lealtad y esfuerzo, producto de que muchos fines se aúnan, en el poder de su cualidad ideal o imaginativa, para conmovernos y sostenernos.

Se puede muy bien preguntar si el poder y significado en vida de los tradicionales conceptos de Dios, no se deben a las cualidades ideales a que hacen referencia, cuya atribución de una existencia se debe a una confluencia de tendencias de la naturaleza humana que convierten el objeto del deseo en una realidad antecedente (como mencionamos en el capítulo anterior) con creencias imperantes en las culturas del pasado. Pues en las culturas anteriores, la idea de lo sobrenatural era "natural", en el sentido en que "natural" significa algo acostumbrado y familiar. Parece más creíble que las personas religiosas hayan sido sostenidas y consoladas por la realidad con que los valores ideales les atraían, que el que fueran apoyadas por pura existencia de los hechos. El que, una vez que los hombres se han habituado a la idea de la unión de lo ideal y lo físico, ambos deben estar tan unidos en la emoción de forma que resulte difícil establecer una separación, concuerda con todo lo que conocemos acerca de la psicología humana.

Sin embargo, los beneficios producto de la separación son evidentes. La dislocación libera de una vez para siempre, los valores religiosos de la experiencia, de todas las materias que continuamente se hacen más dudosas. Con la liberación, se produce la emancipación de la necesidad de recurrir a la apologética. La realidad de fines y valores ideales con autoridad sobre nosotros, es un hecho indudable. La validez de la justicia, el afecto y esa correspondencia intelectual de nuestras ideas con las realidades que llamamos verdad, tiene sobre la humanidad un imperio tan seguro, que es innecesario para la actitud religiosa estorbarse con el aparato del dogma y la doctrina. Cualquier otro concepto de la actitud religiosa, cuando es adecuadamente analizado, significa que los que lo apoyan dan más importancia a la fuerza que a los valores ideales: ya que todo lo que una existencia puede añadir es la fuerza para establecer, para castigar, para recompensar. Hay, en realidad, algunas personas que dicen francamente que su fe no requiere la garantía de que los valores morales estén apoyados por la fuerza física, pero que sostienen que las masas están tan atrasadas, que los valores ideales no afectarán su conducta, a menos que en la creencia popular, dichos valores tengan la sanción de un poder que los ponga en vigor y pueda hacer justicia a los que no los cumplen.

Hay algunas personas, merecedoras de más respeto, que dicen: "Convenimos en que debe comenzarse con la primacía del ideal. ¿Pero por qué detenerse en este punto? ¿Por qué no buscar con el mayor anhelo y vigor todas las pruebas que podamos hallar, como las suministradas por la historia, la presencia de un designio en la naturaleza, que conduzcan a la creencia de que el ideal existe ya en una personalidad que tiene existencia objetiva?"

Una respuesta a esta pregunta es que estamos envueltos mediante esta búsqueda en todos los problemas de la existencia del mal que han preocupado a la teología en el pasado, y que los más ingeniosos apologéticos no han enfrentado, y mucho menos resuelto. Si estos apologistas no han identificado la existencia de bienes ideales con la de una Persona que se supone que los origina y sostiene –un Ser, además, al cual se atribuye un poder omnipotente– el problema de la existencia del mal sería gratuito. El significado de fines ideales está, en realidad, estrechamente unido con el hecho de que en la vida hay toda suerte de cosas que son malas para nosotros porque querríamos que fuesen de otro modo. Si las condiciones existentes fueran totalmente buenas, la noción de las posibilidades concebibles no se presentaría.

Pero la respuesta más básica es que mientras la búsqueda se realice de acuerdo con una base estrictamente empírica, no hay razón por la cual no debe tener lugar; en realidad siempre se emprende en interés de lo sobrenatural. De este modo desvía la atención y la energía de los valores ideales y de la exploración de las condiciones reales mediante las que se fomentan. La historia es testimonio de ello. Los hombres no han usado jamás enteramente los poderes que poseen para contribuir al bien de la vida, porque han esperado que un poder exterior a ellos y la naturaleza realizasen la obra que es de su incumbencia. La dependencia de un poder exterior es la contrapartida de la rendición del esfuerzo humano. Tampoco el énfasis sobre el ejercicio de nuestras capacidades para el bien, es un recurso egoísta o de un optimismo sentimental. No es lo primero, ya que no aísla al hombre, individual ni colectivamente, de la naturaleza. No es lo segundo, porque no hace suposición alguna más allá de la necesidad y responsabilidad del esfuerzo humano, y de la convicción de que, si el deseo y el esfuerzo humano se dedicasen a los fines naturales, las condiciones se mejorarían. No supone esperar un milenario de bien.

La creencia en lo sobrenatural, como poder necesario para la captación del ideal y la devoción práctica a él, tiene como contrapartida una creencia pesimista en la corrupción e impotencia de los medios naturales. Eso es axiomático en el dogma cristiano. Pero este pesimismo aparente suele cambiarse de repente en un optimismo exagerado. Pues de acuerdo con los términos de la doctrina, si la fe en lo sobrenatural es del orden requerido, inmediatamente tiene lugar la regeneración. La bondad, en todo lo esencial, se establece con ello: si no, es prueba de que la relación establecida con lo sobrenatural ha sido viciada. Este optimismo romántico es una de las causas de la excesiva atención a la salvación individual característica del cristianismo tradicional. La creencia en una súbita y completa transmutación mediante la conversión, y en la eficacia objetiva de la oración, es una salida demasiado fácil de estas dificultades. En general, deja el asunto igual que estaba antes: es decir, lo bastante mal para que contribuya a la idea de que sólo una ayuda sobrenatural pueda mejorarlo. La posición de la inteligencia natural, es que existe *una mezcla* de bien y mal, y que la reconstrucción en la dirección del bien indicado por fines ideales, tiene que tener lugar, si lo tiene, a través de un esfuerzo cooperativo continuado. Hay por lo menos impulso suficiente hacia la justicia, la bondad y el orden, de forma que si fuera movilizado para la acción, sin esperar que tuviese lugar una brusca y completa transformación, la crueldad y opresión existentes quedarían reducidas.

La discusión ha llegado a un punto donde se necesita la consideración de una objeción más fundamental a la posición que adopto. Hay que destacar el malentendido en que descansa esta objeción. El criterio que he presentado se trata a veces como si la identificación de lo divino con fines ideales dejase el ideal completamente sin raíces en la existencia y sin apoyo de la existencia. La objeción supone que mi criterio obliga a una separación tal del ideal y la existencia, que el ideal no tiene oportunidad de hallar siquiera un lugar donde, ni aun como semilla, pueda germinar y fructificar. Por el contrario, lo que he estado criticando es la *identificación* del ideal con un Ser particular, especialmente cuando esa identificación hace necesaria la conclusión de que este Ser está fuera de la naturaleza, y lo que yo trato de demostrar es que el ideal en sí tiene sus raíces en condiciones naturales: emerge cuando la imaginación idealiza la existencia valiéndose de las posibilidades ofrecidas al pensamiento y a la acción. Hay valores, bienes, realmente comprendidos en una base natural –los bienes de la asociación humana, del arte y, el conocimiento–. La imaginación idealizadora, se apodera de las cosas mas preciosas halladas en los momentos climatéricos de la experiencia, y las proyecta. No necesitamos criterio exterior y garantía de su bondad. Se poseen, existen como buenas, y de acuerdo con ellas concebimos nuestros fines ideales.

Además, los fines que resultan de nuestra proyección de los bienes experimentados en objetos de pensamiento, deseo y esfuerzo, existen sólo cuando existen *como* fines. Los fines, los propósitos, ejercen un poder determinante en la conducta humana. Los fines de los filántropos, de Florence Nightingale, de Howard, de Wilberforce, de Peabody, no han sido sueños ociosos. Han modificado las instituciones. Los fines, los ideales, no existen sólo en la "mente": existen en el carácter, la personalidad y la acción. Se podrían enumerar los artistas, investigadores, intelectuales, padres, amigos, ciudadanos, contemporáneos nuestros, para demostrar que los fines existen en forma *operativa*. Mi objeción se dirige, repito, no a la idea de que los ideales están unidos a la existencia y que como tales existen, humanamente encarnados, como fuerzas, sino a la idea de que su autoridad y valor dependen de alguna personificación completa anterior: como si los esfuerzos de los seres humanos en pro de la justicia, del conocimiento, o de la belleza, dependieran para su eficacia y validez de la seguridad de que existían ya en alguna región superna, un lugar donde los criminales están tratados con humanidad, donde no hay servidumbre o esclavitud, donde todos los hechos y las verdades están ya descubiertos y poseídos, y toda belleza eternamente expuesta en forma real.

Los fines e ideales que nos mueven, se generan mediante la imaginacion. Pero no están hechos de un material imaginativo. Están hechos del duro material del mundo de la experiencia física y social. La locomotora no existía antes de Stevenson, ni el telégrafo antes de Morse. Pero las condiciones de su existencia estaban dentro de las energías físicas y la capacidad humana. La imaginación se apoderó de la idea de una nueva disposición de cosas existentes, que daría lugar a nuevos objetos. Lo mismo ocurre con un pintor, un músico, un poeta, un filántropo, un profeta moral. La nueva visión no surge de la nada, sino que emerge del ver, en términos de posibilidades, es decir, de la imaginación, cosas viejas en nuevas relaciones que sirven un nuevo fin que el nuevo fin ha ayudado a crear.

Además, el proceso de la creación es experimental y continuo. El artista, el científico, o el buen ciudadano, depende de lo que otros han hecho antes que él, y están haciendo en torno de él. El sentimiento de nuevos valores que se convierten en fines a realizar surge al principio en forma opaca e incierta. Cuando los valores se incorporan y se llevan adelante por medio de la acción, crecen en claridad y coherencia. La interacción entre la aspiración y las condiciones existentes, mejora y prueba el ideal: y al mismo tiempo las condiciones se modifican. Los ideales cambian cuando se aplican a las condiciones existentes. El proceso perdura y avanza con la vida de la humanidad. Lo que realiza una persona o un grupo se convierte en la base y el punto de partida de los que los suceden. Cuando los factores vitales de este proceso natural son generalmente reconocidos mediante la emoción, el pensamiento y la acción, el proceso queda a la vez acelerado y purificado por medio de la eliminación del elemento impertinente que culmina en la idea de lo sobrenatural. Cuando los factores vitales alcancen la fuerza religiosa transferida a las religiones sobrenaturales, el refuerzo resultante sera incalculable.

Estas consideraciones pueden aplicarse a la idea de Dios, o, para evitar conceptos erróneos, a la idea de lo divino. Esta idea es, como he dicho, la de las posibilidades ideales unificadas mediante la comprensión imaginativa y la proyección. Pero esta idea de Dios, o de lo divino, está también unida con todas las fuerzas y condiciones naturales –incluso el hombre y la asociación humana– que fomentan el crecimiento del ideal y contribuyen a su realización. No estamos en presencia ni de ideales completamente incorporados en la existencia, ni aun de ideales que son meros ideales sin raíces, fantasías y utopías, pues en la naturaleza y en la sociedad hay fuerzas que engendran y apoyan los ideales. Quedan luego más unificados por la acción que les da coherencia y solidez. A esta relación *activa* entre lo ideal y lo real es a la que yo daría el nombre de "Dios". No insisto en que *tenga* que dársele ese nombre. Hay quienes sostienen que las asociaciones del término con lo sobrenatural son tan numerosas y estrechas, que todo viso de la palabra "Dios" seguramente origina un malentendido y se puede tomar como una concesión a las ideas tradicionales.

Pueden tener razón en este criterio. Pero los hechos a que me he referido están ahí, y necesitan destacarse con toda la fuerza y claridad posibles. Existen bienes concreta y experimentalmente: los valores del arte en todas sus formas, del conocimiento, del esfuerzo y del descanso después de la lucha, de la educación y de la fraternidad, de la amistad y del amor, del desarrollo de la mente y del cuerpo. Estos bienes están presentes y sin embargo son relativamente embrionarios. Hay muchas personas excluidas de la generosa participación en ellos: existen fuerzas que actúan para amenazar y minar los bienes existentes, tanto como para impedir su expansión. Un concepto claro e intenso de la unión de fines ideales con condiciones reales es capaz de despertar una emoción continua. Puede estar nutrido por toda experiencia, cualquiera que sea su material.

En una época perturbada, la necesidad de tal idea es urgente. Puede unificar intereses y energías ahora dispersas: puede dirigir la acción y engendrar el calor de las emociones y la luz de la inteligencia. El que se dé el nombre de "Dios" a esta unión operativa en pensamiento y acción, es un asunto de decisión individual. Pero la *función* de la posible unión de lo ideal y lo real, me parece idéntica a la fuerza que se ha atribuido al concepto de Dios en todas las religiones que tienen un contenido espiritual; y, a mi parecer, una clara idea de esa función se necesita urgentemente en la época actual.

El sentimiento de esta unión puede, en algunas personas, estar fomentado por las experiencias místicas, usando el término "místico" en su sentido más amplio. El resultado depende en gran parte del temperamento. Pero existe una marcada diferencia entre la unión asociada con el misticismo y la unión a que me refiero. En la última no hay nada místico: es natural y moral. Tampoco hay nada místico en la percepción o conciencia de dicha unión. La imaginación de fines ideales pertinente a las condiciones reales, representa la fruición de una mente disciplinada. Hay, en realidad, incluso el peligro de que el recurrir a las experiencias místicas sea una evasión, y su resultado el sentimiento pasivo de que la unión de lo real y lo ideal se ha realizado ya. Pero en realidad esta unión es activa y práctica: es una *unión*, no una entrega.

Una razón por la cual considero adecuado usar la palabra "Dios" para indicar la unión de lo ideal y lo real que hemos mencionado, reside en el hecho de que el ateísmo agresivo parece tener, en mi opinión, algo en común con la tradicional creencia en lo sobrenatural. No significa sólo que el primero es, principalmente, tan negativo que no logra dar una dirección positiva al pensamiento aunque ese hecho sea pertinente. Lo que tengo en consideración en especial, es la preocupación exclusiva de ateísmo militante y la creencia en lo sobrenatural con el hombre aislado. Pues, a pesar de la referencia de lo sobrenatural con algo mas allá de la naturaleza, concibe esta tierra como el centro moral del universo y del hombre, como la cúspide de todo el sistema de cosas. Considera el drama del pecado y la redención realizado en el interior aislado y solitario del alma del hombre como la única cosa de importancia suprema. Aparte del hombre, la naturaleza es execrable o insignificante. El ateísmo militante tiene también esta falta de piedad natural. El lazo que une al hombre con la naturaleza, y que los poetas han celebrado siempre, es pasado ligeramente por alto. La actitud adoptada es con frecuencia la del hombre que vive en un mundo indiferente y hostil, al cual desafía. Sin embargo, una actitud religiosa, necesita la sensación de una unión del hombre, en el sentido de dependencia y ayuda, con el mundo que le rodea, que la imaginación percibe como un universo. El uso de las palabras "Dios" o "divino" para expresar la unión de lo real y lo ideal, puede proteger al hombre de una sensación de aislamiento, y de la desesperación o el desafio subsiguientes.

En cualquier caso, y cualquiera sea el nombre, el significado es selectivo. Pues no supone el culto misceláneo de todo en general. Elige los factores de la existencia que engendran y apoyan nuestra idea del bien, como un fin por el que hay que luchar. Excluye una multitud de fuerzas que en un tiempo dado no son pertinentes a esta función. La naturaleza produce todo cuanto da refuerzo y dirección, pero tambіén lo que ocasiona discordia y confusión. Lo "divino" es, pues, un término de elección y aspiración humana. Una religión humanista, si excluye nuestra relación con la naturaleza, es pálida y endeble, a la vez que presuntuosa, cuando hace de la humanidad el objeto del culto. El concepto de Matthew Arnold de un "poder fuera de nosotros" es demasiado estrecho en su referencia a las condiciones operativas y sostenedoras. Aun siendo selectivo, es demasiado estrecho en su base de selección: la virtud. Así, el concepto tiene que ser ampliado de dos modos. Los poderes que engendran y apoyan el bien, experimentados como un ideal, operan tanto *dentro* como *fuera*. En la afirmación de Arnold parece haber la reminiscencia de un Jehová exterior. Y los poderes actúan para poner en vigor otros valores e ideales aparte de la virtud. El sentido de Arnold de una oposición entre el helenismo y el hebraísmo, han tenido como resultado una exclusión de la belleza, la verdad y la amistad, de la lista de consecuencias hacia las cuales operan estos poderes, dentro y fuera.

En la relación entre la naturaleza y los fines y empresas humanos, la ciencia reciente ha terminado con el antiguo dualismo. Lleva tres siglos dedicada a esta tarea. Pero mientras los conceptos de la ciencia fueron estrictamente mecánicos (mecánicos en el sentido de suponer cosas separadas que actuaban entre sí de un modo puramente externo mediante la atracción y repulsión), los apologistas religiosos tenían una base para indicar las diferencias entre el hombre y la naturaleza física. Las diferencias podían ser usadas para argüir que algo sobrenatural había intervenido en el caso del hombre. Sin embargo, la reciente proclama de los apologistas religiosos de que la ciencia ha abandonado el tipo clásico de mecanicismo[1] parece inoportuna desde su punto de vista. Pues el cambio en el moderno criterio científico de la naturaleza, acerca más todavía al hombre y la naturaleza. Ya no estamos obligados a elegir entre explicar lo que tiene el hombre de distintivo, reduciéndole a otra forma de un modelo mecánico y la doctrina de que algo literalmente sobrenatural, le separa de la naturaleza. Cuanto menos mecánica sea la naturaleza –en su viejo sentido– está más cerca el hombre de ella.

En su fascinador libro, *The Dawn of Conscience*, James Henry Breasted se refiere a Haeckel y dice que la pregunta que más habría deseado responder es la siguiente: ¿El universo es benigno para el hombre? Ésta es una cuestión ambigua. ¿Benigno al hombre en qué aspecto? ¿Respecto a la holgura y el confort, al éxito material, a las ambiciones egoístas? ¿O a la aspiración humana de examinar y

---

[1] Empleo este término porque la ciencia no ha abandonado sus creencias en los mecanismos operantes al desechar la idea de que son de la naturaleza de un contacto estrictamente mecánico de cosas opuestas.

descubrir, de inventar y de crear, de construir un orden más seguro para la existencia humana? En cualquier forma que se haga la pregunta, la respuesta no puede ser, honestamente, una respuesta descalificada y absoluta. La respuesta de Breasted, como historiador, es que la naturaleza ha sido favorable al nacimiento y desarrollo de la conciencia y el carácter. Los que quieren tener todo o nada, no pueden quedar satisfechos con esta respuesta. El nacimiento y el crecimiento no les bastan. Quieren más que el crecimiento acompañado de trabajo y dolor. Desean el triunfo final. Otros, menos absolutistas, pueden contentarse con pensar que, moralmente hablando, el crecimiento es un valor y un ideal más alto que el mero logro. Recordarán también que el crecimiento no ha sido aún limitado a la conciencia y el carácter: que se extiende también al descubrimiento, la erudición y el conocimiento, la creación en las artes, el fomento de los vínculos que unen a los hombres con ayuda y afecto mutuos. Al menos estas personas quedarán satisfechas con el criterio intelectual de la función religiosa que se basa en una elección continua, dirigida hacia fines ideales.

Pues, para concluir, recordaré a los lectores que lo que yo he estado considerando es el lado intelectual de la actitud religiosa. He sugerido que el elemento religioso de la vida se ha visto estorbado por conceptos de lo sobrenatural enclavados en aquellas culturas donde el hombre tenía escaso poder sobre la naturaleza exterior, y también en lo relativo al método seguro de investigación y prueba. La crisis actual, con respecto al contenido, intelectual de la creencia religiosa, está causada por el cambio del clima intelectual debido al aumento de nuestro conocimiento, y de nuestros métodos de entendimiento. He tratado de demostrar que este cambio no es fatal a los valores religiosos de nuestra experiencia común, por adverso que sea su impacto sobre las religiones históricas. Más bien, con tal de que se adopten francamente los métodos y resultados de la inteligencia operante, el cambio es liberador.

Aclara nuestros ideales, sometiéndolos menos a la ilusión y la fantasía. Nos libra del íncubo de pensar en ellos como fijos y sin poder de crecimiento. Revela que se desarrollan en coherencia y pertinencia con el aumento de la inteligencia natural. El cambio da a la aspiración al conocimiento natural un carácter definitivamente religioso, ya que el crecimiento en el entendimiento de la naturaleza se ve orgánicamente unido a la formación de fines ideales. El mismo cambio permite al hombre seleccionar esos elementos en condiciones naturales que puedan organizarse para apoyar y extender el imperio de los ideales. Todo propósito es selectivo, y toda acción inteligente incluye una elección deliberada. En el grado en que deja de depender de la creencia en lo sobrenatural, la selección se esclarece y la elección se hace en pro de esos ideales cuyas relaciones inherentes a las condiciones y consecuencias se comprenden. Si se captasen los fundamentos e influencias naturalistas de la religión, el elemento religioso de la vida emergería de las angustias de la crisis de la religión. Entonces se vería que la religión tiene su lugar natural en todo aspecto de la experiencia humana relativo al cálculo de las posibilidades, al interés emocional de las posibilidades aún no comprendidas, y a toda acción en pro de su realización. Todo cuanto es significativo en la experiencia humana cae dentro de este marco.

III

La morada humana
de la función religiosa

Al discutir el contenido intelectual de la religión antes de considerar la religión en sus relaciones sociales, no he seguido el orden temporal usual. En general, los modos de práctica colectiva o van primero o son de mayor importancia. El corazón de las religiones suele hallarse en los ritos y ceremonias. Las leyendas y los mitos crecen como adornos decorativos, en respuesta a la irreprimible tendencia humana a la narración de historias, y en parte como tentativas de explicar prácticas rituales. Luego, con el avance de la cultura, las historias se consolidan, se forman las teogonías y las cosmogonías: como en el caso de los babilonios, egipcios, hebreos y griegos. En el caso de los griegos, las historias de la creación y las narraciones de la constitución del mundo, fueron principalmente poéticas y literarias, y últimamente se desarrollaron filosofías de ellas. En la mayoría de los casos, las leyendas, ritos y ceremonias quedaron bajo la custodia de un cuerpo especial, el sacerdocio, y fueron sometidos a las artes especiales que posee.

Un grupo especial fue apartado como los propietarios responsables, protectores y promulgadores del cuerpo de creencias.

Pero la formación de un grupo social especial con una relación peculiar a las prácticas y creencias de la religión, no es más que una parte de la historia. En su perspectiva más amplia, es la parte menos importante. El punto más significativo con respecto a la importancia social de la religión es que los sacerdocios eran los representantes oficiales de alguna comunidad, tribu, ciudad-estado o imperio. Ya hubiese o no un sacerdocio, los individuos miembros de una comunidad nacían en una comunidad religiosa, como lo hacían en una organización social y política. Cada grupo social tenía sus seres divinos, que eran sus fundadores y protectores. Sus ritos de sacrificio, purificación y comunión, eran manifestaciones de la vida cívica organizada. El templo era una institución pública, el centro del culto de la comunidad: la influencia de sus prácticas se extendía a todas las costumbres de la comunidad, domésticas, económicas y políticas. Incluso las guerras entre los grupos, eran, en general, conflictos de las respectivas deidades.

Un individuo no ingresaba en una Iglesia. Nacía y se criaba en una comunidad cuya unidad social, organización y tradiciones estaban simbolizadas y celebradas en los ritos, cultos y creencias de una religión colectiva. La educación era la iniciación de los jóvenes en las actividades de la comunidad que estaban íntimamente unidas con las costumbres, leyendas y ceremonias sancionadas por la religión. Hay unas cuantas personas, especialmente las criadas en las comunidades judías de Rusia, que comprenden, sin el uso de la imaginación, lo que una religión significa socialmente cuando invade todas las costumbres y actividades de la vida del grupo. Para la mayoría de los norteamericanos, esta situación es sólo un remoto episodio histórico.

El cambio que ha tenido lugar en condiciones en un tiempo universales, y ahora infrecuentes, es, en mi opinión, el mayor cambio histórico que ha tenido la religión. El conflicto intelectual de las creencias científicas y teológicas ha atraído mucha más atención. Aún sigue ocupando el centro de la atención. Pero el cambio del centro de gravedad social de la religión ha continuado de un modo tan constante y está ahora realizado de un modo tan general, que se ha desvanecido del pensamiento de la mayoría de las personas, excepto, quizás, de los historiadores, e incluso estos se dan especialmente cuenta de ello sólo en su aspecto político. Pues el conflicto entre el Estado y la Iglesia continúa en algunos países.

Hay incluso ahora personas nacidas en una Iglesia particular, la de sus padres, que están unidas a ella como algo natural: en realidad, tal unión puede ser un factor importante, incluso determinante, en toda la carrera de un individuo. Pero la cosa nueva en la historia, la cosa inaudita, es que la organización en cuestión es una institución *especial*, dentro de una comunidad secular. Aun cuando hay Iglesias unidas al Estado, están constituidas por el Estado, y pueden ser deshechas por el Estado. No sólo el Estado nacional, sino otras formas de organización de los grupos, han crecido en influencia y poder a expensas de las organizaciones construidas a base de una religión. El correlativo de este hecho es que los miembros de las asociaciones del tipo último es cada vez más una lección voluntaria de individuos que pueden tender a aceptar las responsabilidades impuestas por la Iglesia, pero que las aceptan por su propia voluntad. Si lo hacen, la organización de que forman parte está, en muchas naciones, constituida de acuerdo con la ley corporativa general de las entidades políticas y seculares.

El cambio de lo que he llamado el centro de gravedad social, acompaña la enorme expansión de asociaciones formadas con fines científicos, filantrópicos, económicos, políticos y educacionales, que se ha producido independientemente de toda religión. Estas formas sociales han crecido tanto, que actualmente tienen la mayor influencia sobre el pensamiento y el interés de la mayoría de las personas, incluso de aquellas que forman parte de las Iglesias. Esta positiva extensión de intereses que, desde el punto de vista de una religión, no son religiosos, es tan grande que en comparación con el efecto directo de la ciencia sobre los credos religiosos tiene, a mi entender, una importancia secundaria.

Digo el efecto *directo*; pues el efecto indirecto de la ciencia en estimular el crecimiento de las organizaciones que compiten, es enorme. Los cambios que son puramente intelectuales afectan, a lo sumo, a un pequeño número de especialistas. Son secundarios a las consecuencias producidas mediante el impacto sobre las condiciones bajo las cuales se asocian entre sí los seres humanos. No es necesario decir que la invención y la tecnología, aliadas con la industria y el comercio, han afectado profundamente estas básicas condiciones de asociación. Todo problema político y social de nuestro tiempo refleja esta influencia indirecta, desde el desempleo hasta las operaciones bancarias, desde la administración municipal a la gran migración de pueblos que han hecho posible los nuevos modos de transporte, desde el control de la natalidad al comercio exterior y la guerra. Los cambios sociales producto de la aplicación del nuevo conocimiento afectan a todo el mundo, se den cuenta o no del origen de las fuerzas que operan sobre ellos. El efecto es tanto más profundo, ya que en su mayoría es inconsciente. Pues, para repetir lo que he dicho, las *condiciones* bajo las cuales la gente se reúne y actúa en conjunto, se han modificado.

El fundamentalista en religión es la persona cuyas creencias en el contenido intelectual apenas si han sido rozadas por los adelantos científicos. Sus nociones acerca de la tierra y del hombre, como de su influencia sobre la religión, están casi tan afectadas por la obra de Copérnico, Newton y Darwin, como por la de Einstein. Pero su vida real, en lo que hace todos los días, y en los contactos que establece, ha sido radicalmente modificada por los cambios políticos y económicos producto de las aplicaciones de la ciencia. En lo respectivo a los cambios estrictamente intelectuales, los credos demuestran gran poder de acomodación; sus artículos sufren un insensible cambio de perspectiva; los énfasis se alteran, y se infiltran nuevos significados. La Iglesia Católica, en particular, ha mostrado lenidad al tratar de las desviaciones intelectuales, siempre que no toquen la disciplina, los ritos y los sacramentos.

Entre los seglares sólo un pequeño número, la parte más educada, está afectada directamente por los cambios en las creencias científicas. Ciertas ideas pasan a segundo plano, pero no se niegan seriamente; nominalmente, se aceptan. Es probable que la gente más culta piense que el concepto de la evolución biológica ha sido aceptado como cosa corriente hasta la legislación de Tennessee, y el juicio de Scopes produjo una aguda crisis que reveló que aquello distaba mucho de ser cierto. Por otro lado, dentro de una organización eclesiástica la clase de profesionales no percibe el cambio en la perspectiva y el énfasis de los valores de la mente en general, hasta que lo revela alguna situación crítica. Entonces niega vigorosamente la validez de los nuevos intereses que han surgido. Pero, como actúan más contra intereses que únicamente contra ideas, sus desesperados esfuerzos no son convincentes más que para los que ya están convencidos.

Los cambios en la práctica que afectan la vida colectiva, son profundos y extensos. Han estado operando desde la época que llamamos Edad Media. El Renacimiento fue, esencialmente, un nuevo nacimiento del secularismo. El desarrollo de la idea de la "religión natural", característica del siglo dieciocho, fue una protesta contra el dominio eclesiástico; un movimiento anunciado en este respecto por un crecimiento de sociedades religiosas "independientes" en el siglo anterior. Pero la religión natural no negaba ya la validez intelectual de las ideas sobrenaturales, como no negaba el crecimiento de las congregaciones independientes. Trataba más bien de justificar el teísmo y la inmortalidad, a base de la razón natural del individuo. El transcendentalismo del siglo diecinueve fue un nuevo movimiento en la misma dirección general, un movimiento en el cual la "razón" tomó una forma más romántica, dramática y colectiva. Afirmaba la difusión de lo sobrenatural a través de la vida secular.

Estos movimientos y otros no mencionados, son el reflejo intelectual de la mayor revolución que ha tenido lugar en las religiones durante los milenios que el hombre lleva en la tierra. Pues, como he dicho, este cambio es relativo al lugar y la función *social* de la religión. Incluso la influencia de lo sobrenatural sobre la mente general se ha disociado más cada vez del poder de la organización eclesiástica, es decir, del poder de cualquier forma de organización comunal. Así, la misma idea central de las religiones iba saliendo de la custodia de toda institución social particular. Aún más importante es el hecho de que la constante usurpación sobre las instituciones eclesiásticas, por formas de asociación en un tiempo consideradas seculares, ha alterado el modo en el cual los hombres gastan su tiempo en el trabajo, el recreo, la ciudadanía y la acción política. El punto esencial no es sólo que las organizaciones y acciones seculares estén legal o exteriormente separadas del dominio de la Iglesia, sino que los intereses y valores que no tienen relación con los oficios de cualquier Iglesia, ahora dominen tan enteramente los deseos y aspiraciones incluso de los fieles.

El creyente individual puede, en verdad, llevar la disposición y la motivación que ha adquirido mediante la afiliación a una organización religiosa a su acción política, a su relación con las escuelas, incluso a su negocio y recreos. Pero quedan dos hechos que constituyen una revolución. En el primer caso, las condiciones son tales que esta acción es un asunto de elección y resolución personal de parte de los individuos. En el segundo caso, el propio hecho de que un individuo lleve su actitud personal a asuntos que son inherentemente seculares, que están fuera del alcance de la religión, constituye un enorme cambio, a pesar de la creencia de que los asuntos seculares *deberían* estar penetrados por el espíritu de la religión. Aun cuando se afirme, como hacen algunos religionarios, que todos los movimientos e intereses de algún valor crecen bajo los auspicios de una Iglesia y reciben su ímpetu de la misma fuente, hay que admitir, que una vez que los navíos han sido lanzados al agua, navegan por mares extraños a tierras lejanas.

Aquí está, a mi parecer, el problema con que hay que enfrentarse. Éste es el lugar donde la distinción que he hecho entre una religión y la función religiosa es peculiarmente aplicable. Está en la naturaleza de una religión basada en lo sobrenatural, trazar una línea entre lo religioso y lo secular y profano, aun cuando afirme la legítima autoridad de la Iglesia y su religión para dominar esos otros intereses. El concepto de que "religioso" significa una cierta actitud y criterio, independiente de lo sobrenatural, no necesita tal división. No encierra los valores religiosos dentro de un compartimiento particular, no asume que una forma de asociación particular tiene una relación única con él. En el aspecto social, el futuro de la función religiosa parece primordialmente unido con su emancipación de las religiones y de una religión particular. Muchas personas parecen perplejas a causa de la multiplicidad de las Iglesias y el conflicto de sus pretensiones. Pero la dificultad fundamental es más profunda.

En cuanto he dicho no he ignorado la interpretación, hecha por los representantes de las organizaciones religiosas, del cambio histórico que ha ocurrido. La organización más antigua, la Iglesia Católica Romana, juzga la secularización de la vida, la creciente independencia de los valores e intereses sociales del dominio de la Iglesia, como una prueba más de la apostasía del hombre natural de Dios: la corrupción inherente en la voluntad de la humanidad ha tenido como resultado el desafío de la autoridad que Dios ha delegado en sus representantes de esta tierra. Esta Iglesia indica el hecho de que la secularización ha procedido *pari passu* con la extensión del protestantismo, como prueba de la herejía voluntaria del último en su apelación a la conciencia y elección privadas. El remedio es sencillo. La sumisión a la voluntad de Dios, tal como la expresa continuamente la organización de su representante en la tierra, es el único medio por el cual los valores y relaciones sociales pueden, de nuevo, hacerse coextensivos con la religión.

Las Iglesias protestantes, por el contrario, han destacado el hecho de que la relación del hombre con Dios es principalmente un asunto individual, un asunto de elección y responsabilidad personal. Desde este punto de vista, un aspecto del cambio esbozado, significa un adelanto que es tanto religioso como moral. Pues, de acuerdo con ello, los ritos y creencias que tienden a hacer de la relación del hombre con Dios un asunto colectivo e institucional, levantan barreras entre el alma humana y el espíritu divino. La comunión con Dios tiene que ser iniciada por el corazón y la voluntad del individuo, mediante la ayuda divina directa. Por ello, el cambio ocurrido en la posición social de la religión organizada, no es deplorable. Lo que se ha perdido era, a lo sumo, especioso y exterior. Lo que se ha ganado es que la religión ha sido colocada sobre su única base real y sólida: la relación directa de la conciencia y la voluntad con Dios. Aunque hay mucho de no cristiano, e incluso anticristiano, en las instituciones políticas y económicas existentes, es mejor que el cambio se realice mediante la suma total de los esfuerzos de hombres y mujeres imbuidos de fe personal, que el que sea efectuado por cualquier esfuerzo total institucional que subordine al individuo a una autoridad exterior y finalmente mundana.

Si la cuestión tratada en estos dos criterios opuestos se examinase con detalle, serían urgentes algunas consideraciones específicas. Se podría decir que la secularización progresiva de los intereses de la vida, no se ha visto acompañada por la creciente degeneración implícita en el argumento del primer grupo. Hay muchos que, como estudiantes de la historia, independientes de toda filiación religiosa, considerarían la inversión del proceso de secularización y retorno a las condiciones en las cuales la Iglesia era la suprema autoridad, como una amenaza a las cosas que consideramos mas preciosas. Con respecto a la posición del protestantismo, puede decirse que, en realidad, los adelantos sociales que han tenido lugar, no son producto de asociaciones religiosas voluntarias; que, por el contrario, las fuerzas que han actuado para humanizar las relaciones humanas, que han tenido como resultado un desarrollo intelectual y estético, son producto de influencias independientes de las Iglesias. Se podría probar el caso, ya que las Iglesias se han quedado atrás en la mayoría de los movimientos sociales de importancia y han dedicado su atención principal en los asuntos sociales a los *síntomas* morales, a los vicios y abusos, como la embriaguez, la venta de estupefacientes, el divorcio, en lugar de las causas de la guerra y la larga lista de opresiones e injusticias políticas y económicas. La protesta contra lo último ha estado principalmente a cargo de los movimientos seculares.

En épocas anteriores, lo que ahora llamamos sobrenatural era casi sinónimo de extraordinario, algo asombroso y emocionalmente impresionante por su carácter sorprendente. Es probable que, incluso en la actualidad, el concepto más común de lo natural es lo que es usual, habitual y familiar. Cuando no se penetra en la causa de los acontecimientos inusitados, la creencia en lo sobrenatural es en sí "natural" en este sentido de lo natural. Lo sobrenatural era, por lo tanto, una religión genuinamente social mientras las mentes de los hombres estuvieron habituadas a lo sobrenatural. Daba una "explicación" de sucesos extraordinarios a la vez que proporcionaba las técnicas para utilizar las fuerzas sobrenaturales, para conseguir ventajas y proteger a los miembros de la comunidad cuando eran adversas.

El desarrollo de la ciencia natural puso las cosas extraordinarias al nivel de los acontecimientos para los cuales hay una explicación "natural". Al mismo tiempo, el desarrollo de intereses sociales positivos llevó a segundo término el cielo y el infierno. La función y oficios de las Iglesias se fueron haciendo cada vez más especializados; los valores y quehaceres que habían sido considerados, en un contraste anterior, como profanos y seculares, crecieron en volumen e importancia. Al mismo tiempo, la noción de que los valores ideales básicos y espiritualmente supremos están asociados con lo sobrenatural, ha persistido como una especie de aura y fondo vagos. La concreta transferencia del interés va acompañada de una especie de cortés deferencia a la noción. La mente general queda de este modo en un estado confuso y dividido. El movimiento que ha seguido adelante durante los últimos siglos continuará engendrando una doblez de criterio hasta que los significados y valores religiosos hayan sido definitivamente integrados en relaciones sociales normales.

El problema se puede expresar de un modo más definitivo. La posición extrema de un lado es que, aparte de su relación con lo sobrenatural, el hombre esta moralmente al nivel de los animales. La otra posición es que todos los fines significativos, y todas las seguridades de paz y estabilidad, han crecido en la matriz de las relaciones humanas, y que los valores a los que se da un locus sobrenatural son, en realidad, producto de una imaginación idealizadora, que se ha apoderado de los bienes naturales. Entonces sobreviene un segundo contraste. Por una parte, se afirma que la relación con lo sobrenatural, finalmente es la única fuente fidedigna de fuerza motriz; que directa e indirectamente, ha animado todo esfuerzo serio en favor de la guía y la rectificación de la vida del hombre en la tierra. La otra posición es que los bienes que se experimentan en realidad en las relaciones concretas de la familia, la vecindad, la ciudadanía, los fines del arte y de la ciencia, son los que en realidad sirven de apoyo y guía al hombre y que su relación con un locus sobrenatural y ultraterreno ha oscurecido su naturaleza real y debilitado su fuerza.

Los contrastes perfilados definen el problema religioso del presente y del futuro. ¿Cuáles serían las consecuencias para los valores de la asociación humana, si las insatisfacciones y oportunidades inmanentes e intrínsecas fueran claramente sostenidas y cultivadas con el ardor y la devoción que han marcado a veces las religiones históricas? El argumento de un creciente número de personas es que la depreciación de los valores sociales naturales ha resultado, tanto en principio como en hecho, de la referencia de su origen y significado a orígenes sobrenaturales. Las relaciones naturales de marido y mujer, de padre e hijo, de amigos, de compañeros en la industria, la ciencia y el arte, están descuidadas, pasadas por alto, no se han desarrollado en todo lo posible. No sólo han sido depreciadas. Se las ha considerado como rivales peligrosos de valores más altos; como ofreciendo tentaciones que deben resistirse; como usurpaciones de la carne a la autoridad del espíritu; como rebeldías de lo humano contra lo divino.

La doctrina del pecado original y la total depravación, de la corrupción de la naturaleza, exterior e interior, no es muy corriente en los círculos religiosos liberales, en la actualidad. Más bien impera en ellos la idea de que hay dos sistemas de valores independientes, una idea similar a la que hemos hecho referencia en el capítulo anterior al hablar de la revelación de dos clases de verdades. Los valores hallados en las relaciones naturales y sobrenaturales son ahora, según se dice en los círculos liberales, complementarios, así como las verdades de la revelación y de la ciencia son los dos lados, que se apoyan mutuamente, de la misma verdad suprema.

No puedo menos de pensar que esta posición representa un gran adelanto sobre la tradicional. Aunque está lógicamente abierta a las objeciones que se hacen contra la idea de una revelación dual de la verdad, prácticamente indica el desarrollo de un punto de vista humano. Pero si se reconoce una vez que las relaciones humanas están cargadas de valores en su función, ¿por qué no apoyar el caso en lo que es verificable y concentrar el pensamiento y la energía en su total realización?

Al parecer, la historia presenta tres fases de desarrollo. En la primera, las relaciones humanas se consideraban tan infectadas por la corrupción de la naturaleza humana, que necesitaban la redención de fuerzas sobrenaturales exteriores. En la segunda, lo significativo de estas relaciones es semejante a los valores que se estiman claramente religiosos. Éste es un punto al cual han llegado ahora los teólogos liberales. La tercera fase comprendía que, en realidad, los valores apreciados en las religiones que tienen elementos ideales, son idealizaciones de cosas características de la asociación natural, proyectadas a un reino sobrenatural para su custodia y sanción. Adviértase el papel de términos como Padre, Hijo, Esposa, Hermandad y Comunión en el vocabulario del cristianismo, y adviértase también la tendencia, aunque un poco incoada, de los términos que expresan las fases más íntimas de la asociación para desplazar las de origen legal y político: Rey, juez, y Señor de los Ejércitos.

A menos que se produzca un movimiento en lo que he llamado la tercera fase, el dualismo fundamental y la división en la vida continúan. La idea de una manifestación doble y paralela de lo divino, en donde el último tiene posición y autoridad superiores, ocasiona un equilibrio inestable. Opera distrayendo la energía, mediante la división de los objetos a que se dirige. También presenta imperativamente la cuestión de por qué cuando se ha ido lejos en el reconocimiento de los valores religiosos de la vida de comunidad normal, no debemos ir más allá. Los valores del intercambio humano natural y la dependencia mutua son abiertos y públicos, capaces de verificación por los métodos que establecen todos los hechos naturales. Por el mismo método experimental, son capaces de expansión. ¿Por qué no concentrarse en fomentarlos y extenderlos? A menos que demos este paso, la idea de dos reinos de valores espirituales es sólo una versión suavizada del antiguo dualismo entre lo secular y lo espiritual, lo profano y la religión.

La condición de equilibrio inestable es, en realidad, tan evidente a la mente reflexiva, que hay tentativas en la actualidad para volver a la fase anterior de la creencia. No es difícil hacer una severa acusación de las relaciones sociales existentes. Basta indicar la guerra, los celos y el miedo que dominan las relaciones mutuas de los Estados nacionales; la creciente desmoralización de los antiguos vínculos de la vida doméstica; la abrumadora evidencia de la corrupción e ineficacia en la política, y el egoísmo, brutalidad y opresión que caracterizan las actividades económicas. Amontonando el material de esta clase, uno puede, si lo elige, llegar a la conclusión triunfante de que las relaciones sociales están tan degradadas, que el único recurso es una ayuda sobrenatural. El desorden general de la Gran Guerra y las décadas sucesivas ha llevado a un renacimiento de la teología, de la corrupción, el pecado y la necesidad de la redención sobrenatural.

Sin embargo, la conclusión no proviene de los datos. Ignora, en primer lugar, que todos los valores positivos apreciados, y para los cuales se pide la ayuda de un poder sobrenatural, han surgido, después de todo, de las mismas escenas de las asociaciones humanas de la cual se puede pintar un cuadro tan negro. Algunos hechos han quedado fuera del cuadro. No volveré a traer a colación lo dicho antes en cuanto al efecto sobre las condiciones actuales, de la división del pensamiento y la acción de aquellos que son peculiarmente sensibles a las consideraciones ideales a canales sobrenaturales. Voy a presentar un problema práctico más directo. La sociedad está convicta de "inmoralidad" al evocar todos los males de las instituciones que ahora existen, y la premisa tácita es que las instituciones existentes son expresiones sociales de su naturaleza.

Si se expusiera esta premisa, el enorme abismo entre ella y la conclusión expresada sería aparente. El problema de la relación entre las relaciones e instituciones sociales que dominan en una época particular, es el problema más complicado que se presenta al examen social. La idea de que las últimas son un reflejo directo de las primeras, ignora la multiplicidad de factores que históricamente han entrado a determinar las instituciones. Históricamente hablando, muchos de estos factores son accidentales con respecto a la forma institucional dada a las relaciones sociales. Una de mis citas favoritas es la declaración de Clarence Ayens, según la cual "nuestra revolución industrial comenzó, como dicen algunos historiadores, con media docena de perfeccionamientos técnicos en la industria textil; y tardamos un siglo en darnos cuenta de que nos había ocurrido algo importante, aparte del obvio perfeccionamiento del hilado y el tejido". Esta afirmación puede sustituir una discusión larga para sugerir lo que yo entiendo por la relación "accidental" del desarrollo institucional a los hechos primordiales de la asociación humana. La relación es accidental porque las consecuencias institucionales resultantes no fueron previstas ni pretendidas. Decir esto, es decir que la inteligencia social, en el sentido en que existe la inteligencia acerca de las relaciones físicas, es inexistente.

Aquí está el hecho negativo que hace el argumento en favor de la necesidad de la intervención sobrenatural para efectuar una mejora significativa, un ejemplo más de la vieja deducción de lo sobrenatural basada en la ignorancia. Carecemos, por ejemplo, del conocimiento de la relación de la vida y la materia inanimada. Por lo tanto, se considera que la intervención sobrenatural ha efectuado la transición del animal al hombre. No conocemos la relación del organismo –el cerebro y el sistema nervioso– con la producción del pensamiento. Sin embargo, se arguye que es un vínculo sobrenatural. No conocemos la relación de causas y resultados en materias sociales, y, por consiguiente, carecemos de medios de control. Por lo tanto, se deduce que tenemos que recurrir a un poder sobrenatural. Claro está que no pretendo saber hasta qué punto puede desarrollarse la inteligencia con respecto a las relaciones sociales. Pero sí creo saber una cosa. El entendimiento necesario no se producirá a menos que luchemos por él. La suposición de que sólo los poderes sobrenaturales pueden servirnos, es el método seguro de retrasar este esfuerzo. Es un obstáculo tan seguro con respecto a la ciencia social, como en tiempos anteriores lo fue para el desarrollo del conocimiento físico.

Incluso inmediatamente, sin esperar el desarrollo de una mayor inteligencia con relación a los asuntos sociales, podría haber una gran diferencia mediante el uso de medios y métodos naturales. Ahora es posible incluso examinar los fenómenos sociales complejos lo bastante para poner el dedo en la llaga. Es posible relacionar hasta cierto punto estos males con sus causas, y con causas que son algo muy distinto de las fuerzas morales abstractas. Es posible buscar y hallar remedios para algunos de los males. El resultado no será un evangelio de salvación, pero estará de acuerdo con la línea seguida, por ejemplo, en los asuntos de enfermedad y salud. El método, si se usa, no sólo contribuirá a la salud social, sino que logrará algo mayor: fomentará el desarrollo de la inteligencia social, de forma que pueda actuar con mayor atrevimiento y en una escala más amplia.

Los intereses creados, los intereses creados por poder, están poderosamente en favor del *statu quo*, y por lo tanto, son especialmente poderosos en la obstaculización del crecimiento y la aplicación del método de inteligencia natural. Pero porque estos intereses son tan poderosos, es más necesaria la lucha en favor del reconocimiento del método de la inteligencia en acción. Sin embargo, uno de los mayores obstáculos en la conducción de este combate es la tendencia a deshacerse de los males sociales en términos de las causas morales generales. La perversidad del hombre, la corrupción de su corazón, su egoísmo y amor al poder, cuando se mencionan como causas, son precisamente de la misma naturaleza que la apelación a poderes abstractos (que, en realidad, no han hecho más que reduplicar bajo un término general una multitud de efectos particulares) que en un tiempo imperó en la "ciencia" física, y que constituyó el principal obstáculo a la generación y el desarrollo de la última. En un tiempo se apeló a los demonios para explicar las enfermedades, y no se creía que sucedía una muerte estrictamente natural. La importación de causas morales generales, para explicar los fenómenos *sociales* presentes, tiene el mismo nivel intelectual. Reforzada por el prestigio de las religiones tradicionales, y apoyada por la fuerza emocional de las creencias en lo sobrenatural, ahoga el desarrollo de esa inteligencia social mediante la cual la dirección del cambio social podría ser quitada de la región del accidente, tal como el accidente ha sido definido. El accidente, en su sentido más amplio, y la idea de lo sobrenatural, son gemelos. Por lo tanto, el interés en lo sobrenatural refuerza otros intereses creados para prolongar el reinado social del accidente.

Hay una fuerte reacción en algunos círculos religiosos actuales contra la idea de la mera salvación individual, de almas individuales. También hay una reacción en política y economía contra la idea del *laissez faire*. Estos dos movimientos reflejan una tendencia común. Ambos son signos de la creciente tendencia del vacío de la individualidad en aislamiento. Pero la raíz fundamental de la idea del *laissez faire* es la negación (con frecuencia más implícita que expresa) de la posibilidad de la intervención radical de la inteligencia en la conducta de la vida humana. Ahora bien, el apelar a la intervención sobrenatural para el mejoramiento de los asuntos sociales, es también la expresión de un profundo *laissez-faireism*; es el reconocimiento de la desesperada situación a que nos vemos llevados por la idea de la impertinencia e ineficacia de la intervención humana en los acontecimientos e intereses sociales. Los teólogos contemporáneos, interesados en el cambio social, y que al mismo tiempo deprecian la inteligencia y el esfuerzo humano en pro de lo sobrenatural, cabalgan en dos caballos que van en direcciones contrarias. Las anticuadas ideas de hacer algo para que impere en el mundo la voluntad de Dios, y de asumir la responsabilidad de hacerlo nosotros, son más valiosas, lógica y prácticamente.

El énfasis puesto sobre la inteligencia como método, no debe desorientar a nadie. La inteligencia, como distinta de la antigua concepción de la razón, está envuelta en la acción, inherentemente. Además, no hay oposición entre ella y la emoción. Existe la inteligencia apasionada, como el ardor que ilumina los lugares oscuros de la existencia social, y como el celo que refresca y purifica. Toda la historia del hombre muestra que no hay objetos incapaces de despertar una emoción profunda y embelesada. Uno de los pocos experimentos en el apego de la emoción a fines que la humanidad no ha probado, es el de la devoción –tan intensa como para ser religiosa– a la inteligencia como fuerza de acción social.

Pero ésta es sólo una parte de la escena. Por mucha evidencia que se amontone contra las instituciones sociales existentes, el afecto y el apasionado deseo de justicia y seguridad son realidades de la naturaleza humana. También lo son las emociones que surgen de vivir en condiciones de injusticia, opresión e inseguridad. La combinación de las dos clases de emoción ha producido más de una vez esos cambios que se llaman revoluciones. El decir que las emociones que no están unidas a la inteligencia son ciegas, es tautología. La emoción intensa puede expresarse en acción que destruya las instituciones. Pero la única seguridad del nacimiento de otras mejores, es la unión de la emoción con la inteligencia.

La crítica de la entrega de la religión a lo sobrenatural, tiene, así, una importancia positiva. Todas las formas de asociación humana están "afectadas por un interés público", y la plena comprensión de ese interés, equivale al sentido de un significado que es religioso en su función. La objeción a lo sobrenatural es que estorba el camino de una comprensión eficaz del alcance y la profundidad de las implicaciones de las relaciones humanas naturales. Estorba el modo de usar de los medios que están en nuestro poder para hacer cambios radicales en esas relaciones. Es indudablemente cierto que pueden hacerse grandes cambios materiales sin la mejora correspondiente de una naturaleza espiritual o ideal. Pero el desarrollo en la última dirección no puede ser hecho desde fuera; no puede ser producido adornando los cambios materiales y económicos con decoraciones derivadas de lo sobrenatural. Solo puede venir de una comprensión mas intensa de los valores inherentes en las mutuas relaciones de los seres humanos. La tentativa de segregar el interés político implícito y el valor social de todas las instituciones y convenios sociales en una organización particular, es una fatal desviación.

Si los hombres y mujeres estuvieran movidos, en toda la plenitud de las relaciones sociales, por la fe y el amor que han marcado a veces las religiones históricas, las consecuencias serían incalculables. No es fácil lograr esa fe y *élan*. Pero las religiones han intentado algo semejante, dirigido además a un objeto menos prometedor: lo sobrenatural. No es propio de los que afirman que la fe puede mover las montañas, negar por adelantado la posibilidad de su manifestación basada en realidades verificables. Existe ya, aunque en forma rudimentaria, la capacidad de relacionar las condiciones y acontecimientos sociales con sus causas, y esa capacidad se desarrollará ejercitándola. Existe la habilidad técnica con la cual iniciar una campaña en favor de la salud y cordura social, análoga a la hecha en favor de la salud pública física. Los seres humanos tienen impulsos hacia el afecto, la compasión y la justicia, la igualdad y la libertad. Hay que unir todas esas cosas. Es inútil limitarse a afirmar que los enemigos atrincherados del interés de clase y poder, de los lugares altos, son hostiles a que se realice dicha unión. Como he dicho ya, si el enemigo no existiese, no tendría sentido el incitar a *un* cambio de política. El punto importante es que, a menos que se abandone la lucha por considerarla desesperada, hay que elegir entre dos alternativas. Una de ellas es la dependencia de lo sobrenatural; la otra, el empleo de los medios naturales.

No hay, pues, sentido, lógico ni práctico, en indicar las dificultades existentes en el camino del último medio, si no se enfrenta uno con esa alternativa. Si se hace, se verá también que un factor en la dependencia de unir solamente a los partidarios de lo sobrenatural y la alianza con los que sienten el despertar de la emoción social, incluso el gran número de aquellos que, consciente o inconscientemente, se han vuelto de espaldas a lo sobrenatural. Los que se enfrentan con estas alternativas, tendrán que elegir también entre una depreciación *laissez faire* de la inteligencia, continuada y aún más sistemática, y los recursos del conocimiento y el entendimiento natural, y el esfuerzo consciente y organizado para desviar el empleo de esos medios de los fines estrechos, de los fines personales y de clase, a fines humanos más amplios, tendrán que preguntar, en cuanto crean nominalmente en la necesidad de un cambio político radical, si lo que realizan cuando indican con una mano la gravedad de los males presentes, no se deshace cuando la otra aparta su remedio del hombre y de la naturaleza.

La transferencia de la imaginación idealizadora, del pensamiento y la emoción a las relaciones humanas naturales, no significaría la destrucción de las Iglesias que existen en la actualidad. Más bien les ofrecerían los medios del restablecimiento y la vitalidad. El acervo de valores humanos que son apreciados y necesitan ser exaltados, los valores satisfechos y rectificados por todos los convenios y acuerdos humanos, podrían ser celebrados y reforzados, de diferentes modos, y con diferentes símbolos, por las Iglesias. En este aspecto las Iglesias serían realmente católicas. La demanda de que las Iglesias muestren un interés más activo en las obras sociales, que adopten una posición definida en cuestiones como la guerra, la injusticia económica y la corrupción política, de que estimulen la acción en favor del reino divino en la tierra, es uno de los signos de los tiempos. Pero mientras los valores sociales estén relacionados con algo sobrenatural que las Iglesias defienden de un modo peculiar, habrá la inconsecuencia inherente entre la demanda y los esfuerzos para ejecutarlo. Por un lado, se dice que las Iglesias se salen de su esfera, cuando se mezclan en los problemas económicos y políticos. Por el otro, la realidad es que el solo hecho de que pretendan ya que no el monopolio de los valores supremos y las fuerzas motivadoras, pero sí una única relación con ellas, hace imposible que las Iglesias participen en el fomento de los fines sociales en una base humana igual y natural. El abandono de las pretensiones a una posición exclusiva y autoritaria es una condición *sine qua non* para terminar con el dilema ante el cual se hallan actualmente las Iglesias con respecto a su esfera de acción social.

Al principio, hice referencia a un hecho histórico notable. La coincidencia del reino de los intereses y actividades sociales de una comunidad tribal o cívica se ha desvanecido. Los intereses y actividades seculares se han desarrollado al margen de las religiones organizadas, y son independientes de su autoridad. La influencia de estos intereses sobre los pensamientos y deseos de los hombres ha arrinconado la importancia social de las religiones organizadas y el área de ese rincón se va reduciendo. Este cambio marca una terrible decadencia, en todo lo que puede llamarse con justicia de valor religioso, en las religiones tradicionales, o da la oportunidad de la expansión de esas cualidades sobre una nueva base y con un criterio nuevo. Es imposible ignorar el hecho de que el cristianismo histórico se ha entregado a una separación de ovejas blancas y negras; de salvados y condenados; de elegidos y de masa. La aristocracia espiritual, tanto como el *laissez faire* con respecto a la intervención humana y natural, está profundamente incrustada en sus tradiciones. Alabanzas –con frecuencia más que alabanzas– se han tributado a la idea de la hermandad común de todos los hombres. Pero los que estaban fuera del redil de la Iglesia y los que no confiaban en la creencia en lo sobrenatural, solo han sido mirados como hermanos potenciales, aún necesitados de la adopción en la familia. No comprendo cómo puede ser posible cualquier realización del ideal democrático como un ideal espiritual, vital y moral de los asuntos humanos, sin el abandono de la concepción de la división básica que defiende el cristianismo sobrenatural. Seamos o no hermanos, excepto en algún sentido metafórico, todos estamos al menos en el mismo barco, atravesando el mismo turbulento océano. El significado religioso potencial de este hecho es infinito.

En el primer capítulo hice una distinción entre la religión y lo religioso. Indiqué que la religión —o las religiones— está cargada de creencias, prácticas, y formas de organización que se han acumulado sobre el elemento religioso de la experiencia de acuerdo al estado de la cultura en que se han desarrollado las religiones. Observé que ahora los tiempos estaban maduros para la emancipación de la cualidad religiosa de los aditamentos acumulados, y que limitan la verosimilitud y la influencia de la religión. En el segundo capítulo desarrollé esta idea con respecto a la fe en los ideales, inmanente en el valor religioso de la experiencia, y afirmé que el poder de esta fe se podría realzar si la creencia se viera libre de la concepción de que el significado y la validez del ideal están unidos con el asentimiento intelectual a la proposición de que el ideal está ya incorporado en algún sentido metafísico o sobrenatural, en la misma armazón de la existencia.

El asunto tratado en este capítulo incluye todo lo que ha sido expuesto previamente. Lo hace tanto en sus aspectos positivos como negativos. La comunidad de causas y consecuencias en las cuales nosotros, y los que aún no han nacido, estamos metidos, es el símbolo más amplio y profundo de la misteriosa totalidad del ser que la imaginación llama el universo. Lo que el intelecto no puede captar es la encarnación para los sentidos y el pensamiento de la totalidad de ese campo de la existencia. Es la matriz donde nacen y crecen nuestras aspiraciones ideales. Es la fuente de los valores que la imaginación moral proyecta como criterios directivos y fines modeladores.

La continuación de la vida de esta compleja comunidad de seres comprende todas las hazañas significativas del hombre en la ciencia y en el arte; y todos los actos benévolos de intercambio y comunicación. Lleva dentro de sí todo el material que presta un apoyo intelectual verificable a nuestras creencias ideales. Un "credo" fundado en este material, puede cambiar y crecer, pero no puede ser conmovido. Lo que desecha lo hace gustosamente, por una nueva luz, no como una concesión de mala gana. Lo que añade, lo hace porque el nuevo conocimiento le da una penetración en las condiciones que influyen en la formación y ejecución de los fines de nuestra vida. Una psicología unilateral, un reflejo del "individualismo" del siglo dieciocho, trató el conocimiento como la hazaña de una mente solitaria. Ahora deberíamos darnos cuenta de que es un producto de las operaciones de cooperación y comunicación de los seres humanos que viven juntos. Su origen comunal es un indicio de su legítimo uso comunal. La unificación de lo conocido en un tiempo dado, no sobre una imposible base abstracta y eterna, sino sobre la unificación del deseo y el propósito humanos, suministra un credo suficiente para la aceptación humana, un credo que dará lugar a la liberación religiosa y al refuerzo del conocimiento.

El "agnosticismo" es la sombra proyectada por el eclipse de lo sobrenatural. Claro está que el reconocimiento de no saber lo que no sabemos es necesario a toda integridad intelectual. Pero el agnosticismo generalizado es una eliminación intermedia de lo sobrenatural. Su significado termina cuando el criterio intelectual se dirige completamente al mundo natural. Cuando es así, hay muchos asuntos particulares cuya ignorancia debemos reconocer; sólo inquirimos y formamos hipótesis que la futura investigación confirmará o rechazará. Pero tales dudas son incidentes de la fe en el método de la inteligencia. Son signos de fe, no de un pálido e impotente escepticismo. Dudamos con el fin de poder averiguar, no porque algo sobrenatural e inaccesible aceche detrás de todo lo que conocemos. El fondo substancial de la fe práctica en fines ideales, es positivo y avanzado.

Las consideraciones expuestas en el presente capítulo pueden ser resumidas en lo que implican. Los fines ideales a los cuales prestamos nuestra fe, no son oscuros ni vacilantes. Tienen forma concreta en nuestro entendimiento de las relaciones con nuestro prójimo, y en los valores contenidos en esas relaciones. Los que vivimos ahora formamos parte de una humanidad que se extiende en un pasado remoto, una humanidad que ha tenido un intercambio con la naturaleza. Las cosas más preciadas de nuestra civilización no son nuestras. Existen en virtud de los actos y los sufrimientos de la continua comunidad humana de que somos eslabón. Tenemos la responsabilidad de conservar, transmitir, rectificar y extender la herencia de los valores recibidos para que los que vengan detrás de nosotros la reciban mas sólida y segura, más ampliamente accesible y generosamente repartida, de lo que la recibimos nosotros. Aquí están todos los elementos de una fe religiosa no limitada a una secta, clase o raza. Dicha fe ha sido siempre la fe común implícita de la humanidad. Ahora hay que hacerla explícita y militante.

Índice

Este libro se terminó de imprimir
en Indugraf S.A.,
en el mes de septiembre de 2005.
www.indugraf.com.ar